羽生善治

適応力

扶桑社文庫
0620

文庫判のためのまえがき

二一世紀に入ってからは変化のスピードが早くなったと様々な場所で言われていますが、それは減速する兆しも見えず加速している様相も呈しています。

その変化を理解し、適応するにはどうしたらよいかということを本書では書いたつもりだったのですが、現在でも明瞭な方針や答えは見つかっておらず試行錯誤をして日々を過ごしています。

車を運転した時にゆっくり走っていれば周囲の景色も把握できますが、猛スピードになると極端に視野が狭くなります。

そうならないように、ときには立ち止まって、現在までを確認することも大切ではないかと考えていたときに本書の文庫判のお話をいただきました。

ずっと立ち止まっているわけにもいきませんが、何かを考えるヒントの一つにでもなれば著者として嬉しいことです。

適応力は実践の中からしか生まれないと今は思っています。

二〇一五年　夏

羽生善治

はじめに

扶桑社の山口洋子さんから出版の依頼があったのは二〇一〇年のちょうど、四〇歳の誕生日が近づきつつある頃でした。

考え方や行動は年代によって大きく変化をするものですし、過去の捨ててしまった考え方は忘れてしまうものです。

ですから、二〇年ぐらい過ぎてから振り返ってみれば、どうして自分はこんなことを書いていたのか？　と思うかもしれません。

しかし、それも次に進むために必要なステップだとも考えています。

たとえば、現代での四〇代はそれほど、大きな価値や意味を持っているとは思えません。

平均寿命が八〇歳を超え、織田信長が好んだ幸若舞『敦盛』の一節〝人間五十年、下天の内をくらぶれば夢幻の如くなり〟という時代とでは隔世の感があります。

自分が一〇代の頃に描いていた四〇代のイメージとは、貫禄があって重みもあるというものでした。

ところが実際になってみると、どちらもないような感じなのです。

しかし、自分が四〇年余り生きてきたのは紛れもない事実ですし、今後、その経験を上手に活用していくことが時代に適応するための鍵であるとも考えています。

この本の中では、それに対する答えというよりは考えるためのきっかけのようなものを書いたつもりですし、実際に年齢に応じてきちんと適応できるかどうかはやってみないと解らないというのが率直な感想です。

そして、解らないこと、答えがないようなテーマに対しても取り組むべき時機なのではないかと思います。

また、自分は変わったつもりはなくても、周囲から期待されることが変わるのも年を重ねていくことの特徴ではないでしょうか。

すべてに応える必要はないでしょうが、その微妙な変化はきっと感じるはずです。

先行きが見えない不透明な時代という表現がよく最近使われていますが、少し歴史を振り返ってみれば、いつの時代も不透明と言えます。

逆に先行きがはっきり見えているほうが退屈でつまらないような気もします。五里霧中であることからは逃れられないのであれば、むしろその中に活路を見出したほうがよいのではないかとも考えています。

そして、そのとき必要になるのが〝野性の勘〟ではないかと思います。動物的な嗅覚とも言えるかもしれません。

ある年齢から上の世代の人たちにとっては、生まれ育った環境がワイルドそのもので、普通に暮らしていれば野性の勘は磨かれたものですが、年々、人工的な物に囲まれて便利で快適な生活をすることが当たり前のようになり、そのような〝野性の勘〟を使う機会は激減しました。

むしろその感覚は、社会に適応していくためには無用の長物になっていたかもしれません。

しかし、人工的なものはどこかに脆弱さを含んでいるものです。

ジャングルでサバイバルまでする必要はないと思いますが、ある程度は〝野性の勘〟を磨いておくことは必要ではないでしょうか。

なぜなら、現代はとても変化のスピードが速いからです。

すばやく変化を察知して、自分なりの対応を決めなければならないこともあります。

そして、そんなときには過去のデータは役に立たないことも多いのです。

野性の勘を磨く方法にメソッドもセオリーもないと思いますが、そのつもりがあればあらゆる場面が練習の場になるという面もあります。

あまり真剣に切実にではなく、気楽に適当に試みるぐらいでよいのではないでしょうか。

私もそんな状況を楽しみながら前進を続けたいと思っています。

二〇一一年　早春

羽生善治

適応力　目次

2章——「不調の時期」をどう乗り越えるか

3章――「独自の発想」をどう活かすか

5章──「未知の局面」にどう適応するか

1章——「豊富な経験」をどう役立てるか

経験こそが智恵と強い精神力を生む

「知識」をいかに活かすか

たくさんの時間と労力を費やして築き上げた経験を、今後にどのように活かしたらよいでしょうか。

四〇代になった自分にとっても大きなテーマになりそうです。

最近はどんな分野でも変化が非常に速く、経験を直接的に活かしにくくなっています。

新しいことが重視され、そしてすぐに次のトレンドへと向かって行くので、立ち止まって振り返る余裕もないかもしれません。

どんなときに経験は活きるのでしょうか？

まずはたくさんのことを知っているという「知識」です。

細かいところまで知識があれば、どんなケースが表われても直《ただ》ちにそれに照らし合わせて答えを見つけだすことができます。

しかし、現代は学ぶための環境は整っているので、ある程度、時間をかけて調べれば近いところまではすぐに行けます。

そして、逆もまた真なりで、知らないことでも知識だけに関して言えばかなりフォローをすることができるはずです。

次にあるのは対応する力です。

過去に学んだ知識の中に該当するものがなかったとしても、類似したケースを見つけたり、ポイントを見極めたりすることで、これは一朝一夕に身につけられるものではなく、実地をたくさん積んで行く中で習得する智恵だと思います。

「四十にして惑《まど》わず」の真意

では、経験から起こるマイナス要素は何でしょうか。

一つは迷うことが増えることです。

『論語』では四十にして惑わず、ですが、たくさんの知識を得れば必然的に選択肢も増えるわけで、言葉を変えれば、悩みの種、迷いの種が増えることを意味しています。

また、自然に平均点を取れるような方法を身に付けている可能性もあります。この方式でやっていれば無難《ぶなん》で、大きなトラブルもなく、時期によるムラも少なくて済むような方法です。

これは別に悪いことではありませんが、本来ならばもっと「伸びしろ」があるのに停滞している可能性もあります。

それから、時代の変化によって過去の遺物になっているケースです。

これが過去の遺産ならまだ良いのですが、ほんとうに古くなってしまってこれから先は役に立たないような知識です。

〝不易流行〟という言葉がありますが、いつの時代になっても変わらない、変えてはいけないこともたしかにあります。

一方で、知識のほうは風化し、劣化して行く傾向があるようです。

ですので、役に立たない知識にしがみついているのは経験を活かすどころか阻害をする要因になりかねないのです。

何だか知識を活かすのは絶望的な感じになってきましたが、そんなことはありません。

直接的には役に立たなくても、今、取り組まなくてはならないテーマに対するアプローチ、方法、メソッドを選択するときには経験は大切な材料になります。

例えば、過去にこんなやり方をして多くの時間を無駄にしてしまった経験があればそれを繰り返すことはまずありませんし、有効な手段の絞《しぼ》り込みがスムーズにできることは間違いありません。

私も一〇代のときに一生懸命に勉強して覚えた定跡《じょうせき》や戦法も知識としてはまったくと言ってよいほどに使えず、あの時間は何だったのかと虚《むな》しさを覚えるときもあります。

それでも無駄なアプローチはこれからはしなくて済みますし、ショートカットを見つけるときには経験はとても有益であると信じています。

チャンスに強い若者、ピンチに強いベテラン

ほかには精神的な強さも経験と大きな関連があると思っています。

たくさんのピンチ、危機を乗り越えている経験があれば、再びそのような場面を迎えても慌《あわ》てずに落ち着いて対処ができるでしょうし、そのレベルも認識しやすいはずです。

また、八〇歳、九〇歳で元気に活動をしている人たちは達観をしているような感じでピンチをピンチとは思わないのではないでしょうか。

将棋の世界でもチャンスに強い人は若い人たちで、ピンチに強いのはベテランの人たちという傾向があります。

これは後ろ向きの勝負というのはそれまでとはまったく違う性質があるからでしょう。

大変なときに自分の持っている力をフルに発揮するのは簡単なことではありませんが、経験はそれをサポートしてくれます。

智恵や精神的な強さは抽象的で数値化できるものではありませんが、たくさんの経験から生み出されているのではないでしょうか。

上手に活かしていきたいものです。

――結果だけにとらわれず、内容を重視する

着実な前進は内容の重視から始まる

将棋の世界は結果がはっきりと表われる世界です。勝ちか負けか、白星か黒星かという明確な事実を眼前に突きつけられます。

また、個人競技でもあり、偶然性もルール上には入っていません。

ですから、今日は天候が悪かった、審判が悪かった、チームメイトが悪かった、など、言い逃れをすることもできません。

自己責任と言えば聞こえは良いかもしれませんが、自分自身の等身大の姿を直視するのはいつも楽しいことばかりではありません。

しかし、その一方で、その曖昧《あいまい》さがまったくない清々《すがすが》しさや切れ味の良さもあります。

グレーゾーンがまったくなく、玉虫色の決着もないということは、一局、一局、一日、一日で完結しやすい面もあります。

プロになってから早いもので四半世紀、公式戦での対局数も一五〇〇を超えました。

そして、今、思っていることは結果だけにとらわれないということです。

もちろん、結果は大切であることは明らかですし、プロとして周囲から求められるのは結果というのも当然のことだと思います。

一方で、究極の市場原理の世界のような将棋の世界にいると、それだけで総括をしてしまうと、実に味気のないように思えるのです。

つまり、白と黒、数字だけですべてが決まってしまい、そこはモノクロで、彩《いろどり》のない、無味乾燥とした場所、そんな場所には大部分の人々は長く滞在したいとは思わないのではないでしょうか。

ですので、一〇代の前半の頃は結果がすべてと思っていましたが、徐々に内容を重視する方向へと変わって行きました。

内容を良くしてもすぐに結果が出るわけでもないですし、数字となって表われるわけでもありません。

ですが、長期的に着実に前進をして行く方法としては、これに尽きるのではないでしょうか。つまり、内容を重視していけば結果だけにとらわれて一喜一憂をすることも少なくなりますし、何より安定して物事を進められるはずです。

異なった基準のモノサシを持つ

また、油断や怠《なま》け心を未然に防げるというメリットもあります。

ウサギとカメの寓話ではないですが、早く走ったら怠けたくなるのは人情で、自然のこととも思えます（余談ですが、この話は世の中すべての人々に当てはまるとは思えません。実際には休まないウサギはたくさんいます）。

しかし、内容を重視していけば必ずと言っていいほど、新たな問題、異なった課題が生まれてきて、それに対処をする必要に迫られます。

また、異なった基準のモノサシがあると煮詰まりにくい面もあります。

例えば、結果が出ていないときに結果だけのモノサシで判断をすれば気持ちはどんどん落ち込んでいき、負のスパイラルに入りやすくなります。

ですが、内容という違うモノサシがあれば今は結果が出ていなくても中身が上向きになっているので、数か月後には必ず状況は良くなっているはずだと思えます。

実際にほんとうにそうなるのかどうかは重要ではなくて、いくつかの視点があれば方向性を誤ることが少なくなるはずです。

小さな違いに気づけるか

そして、内容にこだわっていくと当然ながら小さな違いに敏感になっていきます。

何気なく見過ごしてしまいそうな局面、状況にフォーカスをすることによって、大きな変化の兆《きざ》しが解《わか》ったりするはずです。

どんな分野であれ、それを専門にやっている人々は基本的なことはすべて完全に習得しています。

違いが表われるとしたら、とても微妙な小さいところが多いはずです。

昔、〝違いがわかる男のゴールドブレンド〟というCMがありましたが、少しの違いが大きく結果に影響を与えることはカオス理論などでも言われています。

昨今は成果主義の流れが増しているのも事実ですが、それは可能性を小さくして、画一的な流れを作っているとも言えるのです。

勝ちやすい作戦、結果につながりやすい方法は真似《まね》もされやすいですし、進歩も早いです。将棋の戦法の研究も、ホットな最新の定跡は日進月歩で恐ろしいスピードで研究が進みますが、勝ちにくいと言われている戦法についてはここ何十年、ほとんど進んでいないケースもあるのです。

また、それを先鋭的に進めてしまうと判で押したように同じ型になってしまいます。

多様性を残して、最速で突っ走るのは内容を重視することが不可欠であると思っています。

――経験値があるからこそ「直感」が活きる

直感の精度を上げる経験値

どんな出来事に対しても一番最初は、〝直感〟でそれをとらえています。

第一感、第一印象も同じようなものでしょう。それらはどれくらい、信用のおけるものなのでしょうか。

一秒にも満たないような瞬間的な出来事ですが、そこにはさまざまなプロセスが含まれていると思われます。

まずは、過去に同じこと、類似したことがあったかどうかを探しているはずです。

仮にあれば、そのときどうしたか、最終的にどうなったかも思い出します。

また、ない場合でもゴールが解るケースもあります。

これはその先の道筋について目途を立てていることになります。とても短い時間ですから、きめ細かく、と言うよりは大雑把《おおざっぱ》にざっくりととらえている場合が多いようです。

詳細については、それからきちんとした検証、論理の積み上げも重要です。そして、経験値も直感の精度を上げるには重要で、私も将棋のことでしたらそれを活かせるかもしれませんが、知らない街へ行って、何の情報も持たずにおいしいレストランを探し出すのはちょっと自信がありません。

やはり、それができるのはグルメでしょっちゅう食べ歩きをしている人たちだと思います。

なぜ、瞬間的にそんなことができるのでしょうか?

一つは、直感はあまりに短いので邪念の入る余地がまったくないことが挙げられます。

時間をかけるとあれこれ欲が出てきたり、悩んだり、迷ったりします。

直感のときだけ純粋にまっすぐに見て判断をしているとも言えます。

もう一つは、駄目な可能性についてはまったく考えないこともあります。駄目な可能性を考えてしまうと混乱してしまい、最初よりさらに正しい選択を見つけるのが難しくなるケースはよくあります。

直感は、フィルターを通して必要なエッセンスだけを取り出すプロセスとも言えるかもしれません。

しかし、直感だけに頼るのは危険なことだとも思っています。なぜなら、そこには下積みがなく、〝砂上の楼閣《ろうかく》〟となる可能性も孕《はら》んでいるからです。

一方で、一つ一つの小さな積み上げだと着実ではあるのですが、大きな思考の飛躍は生まれないのです。

そういう意味でも直感はとても大切な要素なのです。

振り返っての反省が大切

また、直感は自分自身の調子を測る、解りやすいバロメーターでもあります。

直感ですっきりと解るときは、ほぼ間違いなく好調のときです。

そして、使っていないとすぐに錆《さ》びる性質も直感にはあるのではないでしょうか。

だからこそ、日々の鍛錬やトレーニングによって、いつも磨いておく必要があるのでしょう。

いわゆる職人技というのは毎日、毎日、同じことを繰り返して何十年もの歳月を要して極めて高度な匠《たくみ》の技を磨き上げます。

その一工程、一工程は瞬間的な動作の連続ですし、これこそが磨き上げられた直感の素晴らしい例だと思っています。

そうなるまでには無駄の省略や、さまざまな工夫、粘り強く頑張る姿勢、独創的なアイディアなど、さまざまなファクターがありますし、直感を磨くと言っても言葉よりは簡単ではないと思われるかもしれません。

しかし、日々、生活をしていくことは小さな選択の連続で、熟慮をして決めることはほとんどなく、直感によって大部分は取捨選択して行動をしているのです。

好むと好まざると、さまざまな選択をしていることは、直感を磨くトレーニングをしているとも言えるのです。

せっかくなので、自分がどのような選択をして、どんな結果になったかを検証してみるのも面白いと思います。

自分の価値観においてうまくいったケースとそうでないケースがあり、比較をしてみると興味深い結果が表われるはずです。

これは将棋の感想戦とまったく同じプロセスなのです。

一局の将棋が終わると、最初から最後まで相手の人と一緒にその対局を振り返り、意見を交換します。

それで自分の選んだ最善手、次善手、疑問手などが判明します。

同時に直感で考えた手が正しかったかどうかも解ります。

その反省をしないと同じことを繰り返す可能性が高いのです。

しかし、ミスをいつまでも悔《く》やんでいても仕方がないので、終われば忘れてまた次の対局へ向かいます。

——先を読む……正確性を上げる智恵とは

「読みを入れる」ということ

未来を予想するときには、これから起こりそうな展開を予想して、シミュレーションを行います。

将棋の世界では、これを「読みを入れる」と言います。

私が小学二、三年生のまだ将棋を始めて間もない頃は、ほとんど読みは入っていませんでした。

ただ、何も考えずに表われた局面で適当な一手を指す、そんな繰り返しでした。

ほんとうは読んで指したかったのですが、それは不可能なことだったのです。

なぜなら、読むためにはまず考えるための材料が要りますし、判断が下せないと基本的には読んだことにはなりません。

展開を予想することならできますが、それは単に一つの可能性をなぞっているに過ぎません。

一つの展開を予想し、あるところで判断を下して、なおかつ他の手段とも比較することによって、初めて「読み」となるのです。

子どものときには比較も判断もできないので、とにかくたくさんの局面に出合うことによって少しずつ判断をするために必要な材料を増やしていくわけです。

ですから、〝習うより、慣れろ〟は小さな子どもたちのためにある言葉だと考えています。

物事の根幹を習得することから始まる

中学生ぐらいになって、ある程度、論理的に考えられるようになれば、読みの積み上げで上達していく方法も考えられます。

自分の小さいときに指した棋譜《きふ》（記録のこと）を見ると、型だけで指していたのが解ります。

よく、武道の稽古《けいこ》などで型を覚えるというのがありますが、ただ、その型にだけ沿《そ》って指している印象なのです。

その意味も構成も内容も理解しているわけではなく、それが型だからそうしていたのです。

そして、少しずつですが、なぜ、それが型になっているのかが解ってきました。

つまり、理屈の方は後からついてくるようになったのです。

しかし、型から少しでも離れてしまうと解らなくなってしまいます。

今度は応用が必要になるわけで、これは読みだけで解決できる問題ではありません。

音楽の世界に〝絶対音感〟という言葉がありますが、それが型を理解することと共通していることではないでしょうか。

物事の根幹をなしている部分を完全に習得することによって揺るぎない基礎・根を張り、大きく成長していくのです。

変化について表わすときには木の幹と枝というのはよく使われます。

たくさん読めるというのは、それだけ幹と枝が広がっている証拠です。

〝三手の読み〟がいかに大切か

もう一つ、読みの基本となっているのは〝三手の読み〟という考え方です。

私も大変にお世話になった原田泰夫《はらだやすお》九段が色紙に好んで揮毫《きごう》されていた言葉で、こう指す、相手がこうくる、そして、自分がこう指すのが三手の読みだとおっしゃっていました。簡単なことではないかと思われるかもしれませんが、そうではないのです。

一手目、自分にとって最善のベストの選択を探します。

二手目、相手にとって最善のベストの選択を探します。つまり、自分にとってもっとも困る一手・選択を考えることです。

よく危機管理などでは〝最悪の事態を想定せよ〟と言われますが、このことです。

ここで自分の都合の良い一手を考えてしまうと〝勝手読み〟となります。

それから、三手目に自分が何をするか事前に決めておくわけです。三手の読みが大切なのは、百手読んでも千手読んでもすべて、その延長線上にあるからなのです。

また、もう一つ注意をしなくてはならないのが相手の一手を読むことです。よく、相手の立場になって考えましょう、と使いますが、相手の立場になって自分の価値観で判断をしていることが多いのです。

〝ありがた迷惑〟などはその典型的な例と言えるでしょう。相手の立場に立って、相手の価値観に沿って考えるのがもっとも正確な読みになるわけです。

しかし、相手の価値観を完全に理解できるのかと言われたら、それはとても困難であるでしょう。

それでも認めて、理解しようと続けていけば少しずつ読みの正確性は上がるはずです。

〝棋は対話なり〟という言葉があるのですが、一手一手の選択の中には意思が宿っているということです。

――あって当たり前の不安や恐怖

色紙に〝玲瓏《れいろう》〟と書く理由

先が見えない不透明な時代とよく言われています。

それだけに将来に対して不安や恐怖を抱《いだ》くことも多いですし、それを助長するようなニュースがあるのも事実です。

不安や恐怖に対してどのように対応をすればよいのでしょうか？

そんなことをまったく感じることもなく暮らしていければベストですが、そうしているのはほんの僅《わず》かなひと握りの人々で、大部分の人たちは多かれ少なかれ感じていると思います。

色紙を頼まれた時には〝玲瓏〟という言葉をよく書きます。

本来は〝八面玲瓏〟という四文字熟語で、意味としては富士山の頂上から眺《なが》める雲一つない晴れわたった景色、またそのような心境ということです。

似たような言葉としては〝明鏡止水〟もあります。

まっさらな気持ちならば不安も恐怖もないので一つの理想として書いています。

余談ですが、以前、中国へ行ったときにこの玲瓏を書いたところ、通訳の方が、

「羽生さん、この言葉は中国にもあるけど意味が違いますよ」

と言われ、「え、どういう意味ですか?」と問い返したところ、

「中国では八方美人という意味になるのです」

と言われ、びっくりしたことがあります。

同じ漢字圏でもこんな違いがあるのですね。勉強になりました。

ともあれ、玲瓏を目指すのは一つの方法と考えています。

忘れるという、とても便利な機能

ほかには不安や恐怖を実は求めているということもあります。

ホラー映画を見たり、絶叫マシーンに乗ったり、ギャンブルをしたりすること

は、どこかでそれらを希求していることになるからです。

もちろん、何の関係もなく、ゆっくり縁側に座ってお茶を飲むという楽しみもあると思いますが、これこそほんとうに老後の楽しみとして残しておくほうがよい気もします。

ある程度、不安や恐怖を求めていることを認めることができれば、後はまさに程度の問題ということになります。

胃がキリキリと痛むような不安には耐えられないが、ため息をつく程度の不安ならば受容することができるなどです。

受容していく器を徐々に大きくする方法もありますし、自分が許容できる器に生活のほうを合わせていくアプローチもあるでしょう。

そして、それらを上手に消化する方法を確立することも同様です。

一般的なストレス解消法としては、お酒、ショッピング、タバコ、食べる、カラオケ、パチンコ、おしゃべり、旅行、スポーツ……などでしょうか。

ただし、ストレス発散はだいたい健康に悪いですし、健康的な生活にはストレスを感じる人が多いようです。

共通して言えるのは、どちらも蓄積をしすぎてしまうと病気になるということです。

しかし、人間には忘れるというとても便利な（？）機能があります。

物覚えが悪くなったと嘆《なげ》く人もいますが、そのお陰でたくさんの不安や恐怖も忘れているかもしれません。

忘れてしまえばその人にとっては無いことと同じになるわけですから本当に便利な機能だと思います。

年を重ねると忘れることが多くなるということは、それだけ忘れる必要があることがたくさんあるからだと解釈をしています。

不安や恐怖があるのが当たり前

タイトル戦でさまざまな場所へ行きますが、すべてを記憶しているわけではありません。

しかし、庭で猫が昼寝をしていたとか些細《ささい》なことは覚えていたりします。

また、そこからそのときの対局を思い出すこともあります。

さまざまな感情が起こりますが、それに対応する方法として、恐怖や不安は打ち消されることはないという考え方もあります。

歴史を振り返っても恐怖や不安を感じずに暮らせた時代・場所があったかというと皆無に等しいはずです。

ツチノコをいくら探してもいないように、無いものを探しても仕方がないと割り切ってしまうのです。

そう考えてしまえば、水や空気があるのと同じように不安や恐怖があるのが当たり前で逆に考えなくなります。

私が恐いと思った映画にヒッチコックの『鳥』があります。

不気味というか忍び寄る恐怖が淡々と描かれています。

見えない影に怯《おび》えるのが恐怖の基本になっているのでしょう。

そして、そのほとんどは実際には起こらないのです。

――上手に使い分けたい「集中」と「気配り」

〝秘すれば花〟……気配りの要諦《ようてい》

きめ細かい心配りができる人には〝気が利《き》く人〟という評価が与えられます。マニュアル通りにただ動くのではなく、臨機応変に対応して円滑に物事を進められる人は大変に重宝され、特にサービス業などでは引く手あまたになるでしょう。

たしかに現在は仕事を見つけるのは容易ではないのですが、一方ではこのような人材がほしいと思っている会社もたくさんあるのではないでしょうか。

実は、棋士はこの能力を得意としていない人が多いような気がしています。

もちろん、普段は温和で気配りをする人もたくさんいますが、対局のときには深く集中をして気を一点に文字通り、集めなくてはならないからです。

そのときには細部にこだわってもしようがないわけで、いかに周りを気にせずに考えられるかがポイントになります。

ですので、私にはとても会社勤めがつとまるとは思えません。

自由業や芸術家の人々も一点に集中させることを得意としているのでしょう。

気配りは文字通り、普通の人が気づかないところまで気を分散させるわけで、きっとそうなるのには大きな努力が必要なのでしょう。

以前、宿泊していた旅館で、出かけているわずか一時間の間にゴミ箱が片づけてあったり、タオルが取り替えてあったりして感心したことがありました。

上質なサービスとはさりげなく、自然に行うものだと思いました。

世阿弥《ぜあみ》の有名な言葉に〝秘すれば花、秘せずば花なるべからず〟がありますが、まさにそれを表現しています。

集中と気配りの相関関係

逆に集中をするためには何事にも拘《こだ》らないのがポイントになりそうです。

髪の毛はボサボサ、服装は無頓着《むとんちゃく》、常識にはまったくとらわれない、などが典型的な例です。

とにかく、対象となる一点に全力を注《そそ》ぐのが深い集中です。

ただし、通常は長い時間の集中を続けることは容易ではありません。

たとえば、五時間集中すると、その後は五時間分の濃度に薄められてしまうような感じです。

また、急に集中することは難しく、ある程度、助走する時間があって、それから徐々にギヤを上げるようなプロセスでしょうか。

気配りのほうも同様かもしれません。

愛想良く、いつも笑顔を振りまいている人でも家に戻れば意外に無愛想……かもしれません。

どちらのケースにしても自分をしっかり持って、しっかりコントロールする必要はあるのでしょう。

周囲の出来事に振り回されていたのでは集中はできないですし、気配りの肝心のツボを押すことができません。

〝和〟に通じる、きめ細やかな気配り

私が集中をしている、凄《すご》いと思っている人は、ジャック・マイヨールという海へ潜《もぐ》るフランス人です。

残念ながらすでに亡くなっている方ですが、『グラン・ブルー』という映画でご存じの方も多いはずです。

マイヨールは人類で初めて一〇〇メートルを超える海に潜りました。

現在ではその記録は次々に塗り替えられているのですが、その偉大さに変わりはありません。

一歩間違えば命を落とす危険な場所で、マイヨールはイルカと同様の血液の分布をつくりだし、深海へ挑戦していきます。

まさに究極の集中を必要とするわけで、ここまでできるのかという可能性を感じさせてくれます。

そして、グラン・ブルーの世界へ潜るためには考えないことが重要だと言っています。

考えてしまうと脳が大量の酸素を消費してしまうので、考えないことがキーのようです。

普通は、深く集中している＝深く考えている、と思いがちですが、水中という特殊な環境を差し引いても示唆に富んだ内容だと感じています。

対局で集中をしているときは、時間の観念がなくなって、一〇分も一時間もそれほど違いは感じなくなりますが、考えずに集中をすることは今後の課題となりそうです。

ただ、社会の中で上手に適合していくには気配りのほうが重要だと思います。

日本には〝和をもって貴《とうと》しと為す〟という聖徳太子の十七条憲法の精神が重んじられているのか、仲介役、仲裁役によって和が保たれてきた歴史があります。

新たなイノベーションは一点突破の力強い集中力で、組織や社会の中ではきめ細やかな気配りで、二つを上手に使い分け、穢《けが》れ＝気が枯れる、とならないように進んでいきたいものです。

——「責任のある立場」に立ったら考えること

リーダーに課せられる一〇箇条

四〇代くらいになると一般企業では中枢とは呼べないまでも、かなり責任のあるポジションを任されるケースが多いようです。

そんなときには迷ったり、考え込んでしまう場合もあるかもしれませんが、私はあるとき、大学の先生から一冊の本を薦められました。

それは梅原猛《うめはらたけし》著『将たる所以《ゆえん》』（一九九四年、光文社刊。残念ながら現在は流通をしていません）で、この中でリーダーとなる必要な条件について次のように書かれています。

一　明確な意志を持たなければならない

二　時代の理念が乗り移らなければならない

三　孤独に耐えなければならない
四　人間を知り、愛さなければならない
五　神になってはいけない
六　怨霊《おんりょう》をつくってはいけない
七　修羅場に強く、危機を予感しなければならない
八　意志を自分の表現で伝えなければならない
九　自利利他の精神を持たねばならない
十　退《ひ》き際を潔くしなければならない
簡潔に書かれていますが、いずれも言うは易し、行うは難《かた》しな内容です。

決断につきものの孤独

最初の、明確な意志を持つ、は言葉を変えればビジョンを持って方向性を指し示すことになるのでしょう。

解りやすい目標があれば、そこへ向かって全力でアクセルを踏むことができま

すし、エネルギーを集中させることも可能です。

そして、なによりバラバラで行う多大なロスを消せます。

次の、時代の理念については、まさにタイミングとマッチングの話だと思われます。

優れた技術・アイディアであっても時代が追いつかず表に出ることがなかったケースはたくさんあるでしょうし、逆に時代遅れのことをやっていても認められません。

理念を知り、ほんの少しだけ時代の前へ行くのが理想ではないでしょうか。

三番目の、孤独に耐えるは、リーダーは話し合いをしたとしても最終的にはすべての責任を背負って決断を下さなければならないということです。

どんな人でもそのときに孤独を感じずにはいられないでしょう。

次の、人間を知り、愛さなければならないは、絶対条件であると思われます。

もし、そうでない人がリーダーになると恐ろしいことが起こることは過去の歴史が数え切れないほど、証明しています。

五番目の、神になってはいけないは、本人にそのつもりはなくても祭り上げられてしまうときもあり、また、知らずしらずのうちに祭り上げているときもあります。

そして、どちらも潜在的に望んでいる部分があるからで、意識的に注意する必要があるのではないでしょうか。

不測の事態が起こったときにこそ、その人の器がわかる

次の、怨霊をつくってはいけない、については、日本にはたくさんの神社仏閣があります。いかに昔から怨霊が恐れられてきたかが解ると思います。

実際にその怨霊がいなくても、本人に何か引っかかるものがあればいることとほぼ同じになってしまうからです。

また、リーダーの立場になると、多くの人々の利害が衝突するケースに責任をとらなくてはなりません。

全員の人が満足して納得する選択は皆無であることがほとんどでしょう。

〝三方一両損〟のような裁定が妥当であったとしても、下手をすると全員が怨霊になってしまう可能性もあります。

プロセスの段階からの細やかな注意が必要となるのでしょう。

七番目の、修羅場に強く、危機を予感しなければならないは、緊急時における馬力のようなものでしょう。

不測の事態が起こったときにこそ、その人の器《うつわ》や鼎《かなえ》の軽重が問われるのでしょう。

次の、意志を自分の表現で伝えるは、最近の言葉では〝説明責任〟に該当するのではないでしょうか。

同時に責任のある立場になれば、その段階では言えないことも増えます。

少ない情報で多くの表現を駆使しながら十分な説明をするには、訓練と場数と幅広い見識が必要となりそうです。

九番目の、自利利他の精神については、最近、よく使われる〝ウィン・ウィン〟とは少し違うのではないかと思われます。

〝ウィン・ウィン〟は、該当者は関係者のみですが、自利利他のほうは社会全体・すべての人について考えることではないでしょうか。

最後の、退き際を潔くする、もしかするとこれが一番難しいかもしれません。

〝立つ鳥跡を濁《にご》さず〟、〝上善、水の如し〟などたくさんの表現があるのは、それだけ実行困難な証拠ではないでしょうか。

——トライ・アンド・エラーが身の丈《たけ》を伸ばす

中年だって大志を抱くべき

「少年よ、大志を抱け」と言ったのはクラーク博士ですが、中年になってからでも抱いてよいものでしょうか？

夢や志を何歳になっても持ち続けることは素晴らしいことです。

そして、経験を積んでいく中で少しずつ身の丈を知っていくことになります。

大きな志を抱いて叶わず、失望するのであれば本末転倒になってしまいます。

少しずつ自分ができることとできないこと、得意なことと不得意なことが解ってきて、それを踏まえた上で志を抱くのが分別をわきまえたことではないでしょうか。

このときに鍵となるのが自己評価です。

自分で自己評価を公正にすることは簡単にできることではないですし、周囲からの評価も必ずしも実態と合致するわけでもありません。

そこで、評価をするのではなく、自然に行動に移せるか否かで判断してみてはどうでしょうか。

老子《ろうし》の言葉に〝つま先立ちをする者は、長く立っていられない。大股で歩く者も、長くは歩けない〟とあります。

つまり、つま先立ちをしたり、大股で歩いていると無理をしているのでいつかその反動がきてしまうのでしょう。

自然体で無理なく負担なく歩けば長い道のりでも歩き遂げることができるでしょうし、反動もありません。

そのように自然に気軽にできるときは、身の丈に合っているのではないでしょうか。

たくさんのミスとエラー

しかし、身長ならば一〇代の成長期で伸びきって終わりですが、人間の能力は少しずつでも伸びていくはずです。

身の丈を知るのではなく、自分自身で限界を設定してしまって、まだ伸びる余地を押さえ込んでいるかもしれません。

ここで成長が終わりだと思えばほんとうにそこで成長は止まるでしょうし、まだ可能性があると思えばそうなるでしょう。

可能性を明確にするのが志なのだと思います。

近代で大志を抱いた人物といえば、なんといっても坂本竜馬でしょう。日本で最初の商社をつくり、近代化への道を切り拓いた立役者です。

残念ながら志半ばで倒れてしまいましたが、時代と志がぴったりと一致したからこそ、現在でも多くの人から親しまれているのでしょう。

将棋の対局の中でも、どこまで大きな構想を立てるか思い悩むときがあります。

動かせる駒は限定されますし、一手ずつしか進めることができないからです。プロに成り立てのころは、大きな構想を立て過ぎてまとめきれないときもありました。

そして、少しずつですが一手でできる範囲を知り、実現可能な構想かどうかの判別がつくようになってきました。

ただし、そこまでにはたくさんのミスとエラーがあったのも事実です。

アインシュタインと並んで二〇世紀を代表する物理学者、量子力学に多大な貢献をしたニールス・ボーアも〝専門家とは非常に狭い分野で、ありとあらゆる失敗を重ねてきた人間のことである〟と言っています。

正確な身の丈を知るためには、さまざまな角度からのトライ・アンド・エラーが必要であるようです。

一時の評価に右往左往しない

将棋の世界においても、今までに指したことがない手を〝新手〟と言います。

しかし、新手を指してうまくいく確率は二、三割ぐらいです。

それでも新手を指さないと将棋の進歩・発展は止まってしまいます。

実際に公式戦での新手が指される裏では、たくさんの失敗したアイディアがあったりします。また、公になればそこから研究と対策は一気に加速がついて始まります。

そこで評価が上がったり下がったり見直されたりして、作戦としての身の丈も少しずつ定まっていくのです。

少し専門的になってしまいますが、将棋には「振り飛車」という戦法があります。

アマ・プロ問わず、とても人気のある作戦です。しかし、玉を隅にして囲う〝穴熊〟という作戦ができてから一気に分が悪くなりました。

ところが、ここ一〇年ぐらいで研究も進み、「振り飛車」はかなり盛り返したのです。

つまり、身の丈をずいぶんと伸ばしたことになります。

一時の評価というのは必ずしも当てにはならないとも思いました。

自然に継続していきながら確実に身の丈を伸ばしていく、〝急がば回れ〟という言葉もありますが、このテーマについて考えると地道が一番と思えてなりません。

2章——「不調の時期」をどう乗り越えるか

――時間を有効に使うための、さまざまな方法

忙しいときほどたくさんの仕事ができる不思議

現代のビジネスマンはとても忙しい人が多いようです。

少ない人数でたくさんのことを消化しなければならない不況下においては、避けては通れない道かもしれません。

また、自分の経験則でもそうですが、忙しいときに限ってたくさんの仕事の依頼がくるものです。

別々なところから話はあるので、作られているものではないのですが不思議です。

贅沢《ぜいたく》な悩みとも嬉《うれ》しい悲鳴とも言えますが、どうしたものでしょうか。

一日は二十四時間、一年は三六五日で変わりはありません。

しかし、これも不思議なことに、忙しいときのほうがたくさんのことができるのも事実です。

だんだんとそのスピードに慣れてきて段取りがよくなる面もあるでしょうし、取捨選択が必然的に明確になってくることもあります。

ただし、たくさんのことを同時にやると力が分散をする傾向はあるので、それは注意が必要かもしれません。

以前、大変な読書家の人から本をたくさん読むコツを教えてもらったことがあります。

それは一冊ずつ読むのではなく、何冊も同時に読んでいくことだそうです。

スイッチを切り換えるのが大変そうにも思えるのですが、慣れてしまえばそうでもないようです。

また、トヨタの車の生産工場においては、一つの車種を一つの生産ラインで作っているのではなく、いくつもの車種を一つの生産ラインで作っているそうで、このほうが効率が上がるようなのです。

機械と人間は違うかもしれませんが、能率を上げていく一つのメソッドではないかと考えています。

「そんな短い時間で将棋が指せるか」

将棋の対局には持ち時間があります。

これをどのようにして分配して考えるかは難しいところがあるのです。

例えば、後に時間を残して早く指していると勝負どころが通り過ぎてしまい、いくら時間があっても関係のない局面になってしまったり、途中の局面で時間を使ってしまい、最後のほうはずっと時間に追われてしまったり、時間がなくなって集中力が増して冴えてきたりなど、さまざまなケースがあります。

将棋界では以前はとても長い時間で指していて、一人一〇時間とか一二時間は当たり前でやっていました。

昔の大先輩の金易《こんやす》二郎《じろう》九段という人は記録係から、「金先生、残り二時間です」と告げられ、

「そんな短い時間で将棋が指せるか」

と怒って投了してしまったエピソードも残っているくらいです。

現在では最初から二時間以下の棋戦はたくさんあります。

将棋のタイトル戦は二日で一試合を行うときもあります。

ひと昔前までは一日目はゆっくりと無難に進めて終わることが多かったのですが、最近では最初から進行が早く、一日目が終わった時点でかなり大きな分岐点を迎えていることもめずらしくありません。

これも一つの時代の流れでしょう。

有効な時間の使い方とは

どんなに能率や効率を上げたとしてもやがては限界があります。

〝スローライフ〟という話が出てくるのは、あまりに一方向に向かい過ぎた反動の表われでしょう。

勤勉に働くのはとても素晴らしいことだと思いますが、並行して充実度も上げていかないとやがて苦しくなります。

細かいことに気がついて楽しみを見出すことが、上手に忙しさを消化する方法ではないでしょうか。

中学生で棋士になった関係上、一〇代の後半は対局と学校でとにかく忙しい日々でした。

あるとき、電車の中で居眠りをしてしまい、目が覚めると次の駅でした。一駅だけ眠っていたと思ったら進行方向が違っていて、終点まで行って戻ってその駅に着いたのでした。

今となってはよい思い出ですが、適度な休息はやはり必要です。

ヨットの白石康次郎《しらいしこうじろう》さんから聞いたのですが、レース中はほとんど休めないそうです。あるとき、寄港地で休んだらその後のレースがとてもしんどかったと教えてくれました。

まとめて休むと体がびっくりしてしまうので、段階的に規則的に休むのが有効なようです。

そして、有効な時間がたくさんあるのはそれだけで豊かさを表わしていると思います。

自分にとって価値や意義のあることに時間を使うのが、なによりも有効な方法なのではないでしょうか。

「基本」がなぜ、大切なのか

〝初心、忘るべからず〟の真の意味

何事も覚えて間もないころは基本を繰り返して練習しますが、ある程度、習熟をして上達をすると応用のほうに重点を置くようになるのが一般的です。

しかし、達人と呼ばれている人たちはけっして基本をおろそかにしません。

千利休《せんのりきゅう》の言葉に〝稽古とは、一より習い十を知り、十より返る、もとのその一〟があります。一を聞いて十を知る要領のよさよりも、十を知った後にさらに一を知ろうとする姿勢に感銘を受けました。

十を知るまでは努力の方向性としては易しいですが、〝十より返る、もとのその一〟の復路は、棋士になって二十五年を迎える自分にとっても身につまされる言葉です。

現代はたくさんのことを吸収し、消化をしなければならないので、どうしても基礎に使う時間が短くなりがちです。

だからこそ、簡単なところも懸命にやらなければならないのでしょう。

また類似した言葉に〝初心、忘るべからず〟があります。

世阿弥の残した言葉ですが、全体としては〝時々の初心忘るべからず、老後の初心忘るべからず、命に終わりあり、能に果てあるべからず〟となっています。

初めたばかりの初心を忘れてはいけないと言っているのではなく、段をもらったときの初心、プロになったときの初心、タイトルを取ったときの初心、年代が変わったときの初心を忘れてはいけないと言われているようです。

また、老後の初心忘るべからずは、自分にはまだ早い話ではありますが、その段階に入ったときにも初心があるのだと教えてくれます。

これは今ふうに言えば、前期高齢者になったときの心構えとでもいうのでしょうか。

そして、命に終わりあり、能に果てあるべからずは、まさに道を示しています。

ゴールがあるのではなく、どこまでも道が続いていくというのは日本の文化の大きな共通項だと思っていますし、寿命はあってもその瞬間、瞬間を、一を知るために頑張らなくてはならないのでしょう。

練習と実戦のいちばんの違い

将棋の練習方法の一つに「詰将棋を解《と》く」というのがあります。

新聞や雑誌に問題として掲載されています。

いちばん短いのはもちろん、一手詰ですが、長いのでは百手以上、千手以上費やさないと解けない問題もあります。

そのような超難関な問題に取り組むのもよいのですが、一手詰や三手詰などの基本的な問題に取り組むのも重要です。

通常ならば一秒未満で解けるものですが、ときにはつっかえて時間がかかってしまうこともあります。

それでも解ければ土台の補強工事をしたことになると思っています。

私は公式戦の実戦においても一手詰、三手詰をうっかりして負けたことがあります。

例えば、幅一メートルの板の上を歩くにしても普通なら平気で歩けますが、谷の上でそれをすると足がすくんでしまうかもしれません。

簡単にできると思っていることでも緊迫した状況においては難しくなったりします。

後から振り返ってみれば何でこんな単純なことが解らなかったのか、とか、どうしてこんなに時間がかかってしまったのかと思ったりします。

そこが練習と実戦のいちばんの違いなのでしょう。

基本を知るときの基本〝習うより慣れろ〟

また、私が一〇代のころは〝体で覚えた将棋〟という表現がよく使われていました。

頭で覚えるのではなく、繰り返し繰り返し、練習を続ける中で体の中に染み込ませるように覚えさせるという意味です。

体で覚えていれば考えるまでもなく、その動作・所作ができるようになります。いわゆる〝条件反射〟です。

また、基本が大切なのは、マスターしたことを忘れることはなくても鈍《にぶ》ることがあるからです。それが小さなロスを生み、ほかに負担をかけていくのです。できるところがスムーズにいくと、ほかに集中をしなくてはいけないときに集中できるのです。

野球に千本ノックという練習がありますが（今はあまりやらないかもしれませんが）、これもまさに体に覚えさせるための方法論だと思います。

そして、疲れてきたときには楽をしたいと思う人間の習性を活かしています。楽をしたい→もっとも無駄のない、ロスのない動きになるわけです。

〝習うより慣れろ〟はまさに基本を知るときの基本だと思います。

スマートな理論ももちろん大切ですが、個人的にはもがいてもがいて掴《つか》む〝泥縄式〟のほうが私は好きです。

――迷わず判断がブレない心境とは

迷いがない透明な心境

前にも述べましたが、知人から色紙を頼まれたときには「玲瓏《れいろう》」という言葉をよく書いています。

意味としては雲ひとつない快晴の景色、そのような心境が一つの理想と考えているからです。

日々の暮らしの中でも当然ながら感情は揺れ動きます。

そんなときにでも透明な気持ちを持ち続けられたら素晴らしいことだと思っています。

一つには迷いがないときにこそ玲瓏の状態になりやすいのです。

迷いがなければよけいなことは考えないのでスムーズに物事を進められます。

これは価値判断がしっかりとしていてブレないからです。

しかし、判断基準が一つならば迷うことはありませんが（一例を挙げれば、好きか嫌いか）、複数の場合は迷いやすいのです。

将棋の局面もその典型的な例で、おおまかに挙げても、駒の損得・玉の固さ・手番・駒の効率・陣型のバランス・進展性……などたくさんあります。

どれを優先して、どれを考えないかは局面が刻々と動いていく中で変化をし続けます。

あまりにたくさんの要素がからみ合うと訳が解らなくなり、ほんとうに訳の解らない一手を指すことになってしまいます。

アウトプットがなぜ必要か

玲瓏が大切だと思うのは、そんな判断・決断をするときに不要なゴミや考えを取り除いておけば、複雑な状況においても事象を正面から見ることができるからです。

一日、風呂に入らなければアカだらけとなるように、玲瓏の状態になったとしても、そのまま放っておけばすぐに曇ってしまいます。

完成して終わりなのではなく、そこから磨き続けることが玲瓏そのものだと思っています。

ときには忘れてしまうこともあるのですが、文字に書くことによって思い出す、そんな繰り返しです。

書いたり、話をしたりするのはとても重要なことで、そのようにアウトプットをすることによって自分の心境が解ったりすることも多くあります。

つまり、自分自身でも内面の変化に気がついていなくて、何かの拍子に表出する段階になって初めて変わっていたことに気がつくことになるのです。

対局のときでも、開始の「お願いします」と言っているときは玲瓏の心境でも、数時間経過すると違う心境になっているときもあります。

だから、確認をしたり、アウトプットをすることは、さまよわないために必要なことだと感じています。

さまよっているときはどこにいるのか、どちらへ向かえばよいのか解らなくなり、混乱しているときなので、そんなときには玲瓏の場所へ戻ることにしています。

具体的にはお茶を飲んでひと息つくというケースもあるし、その状態だったときの場所へ行くケースもあります。

煮詰まったときの〝情報断食〟

また、情報過剰になったときに玲瓏の状態を失いやすいとも思っています。

つまり、自分自身でそれらを処理しきれなくなってしまい、混乱が生じ、同時に玲瓏の状態もなくなってしまうプロセスです。

現代では情報がとにかくあふれているので、かなり意識的に意図的に玲瓏の場所に戻る必要性があるのかもしれません。

だから、煮詰まったときには〝情報断食〟をするようにしています。

テレビも見ず、ラジオも聴かず、音楽も聴かず、雑誌も読まず、ネットもせず、一回、情報をストップさせます。

人によっては実際の断食よりもこちらのほうが厳しいかもしれません。

また、初心のための時間はつくればいくらでもあると思うかもしれません。

そうなれば玲瓏の状態に戻ったと言えるのかもしれません。

習慣は自動的に知らずしらずのうちに行っていることもあるので注意していま す。

ただし、何も関わらなければ玲瓏を維持するのは容易なことですが、それでは あまり意味はないと思っています。

どんな出来事が起こったとしても泰然自若《たいぜんじじゃく》として動じずに玲瓏の状態である、それが本物だと思います。

泰然自若も色紙によく書いている言葉で、今回、この原稿を書きながら、自分は反省と目標の言葉をいつも書いていることに気がつきました。

少しずつでもよいので着実にそのような階段を上がっていければと思っていま す。

また、その気持ちさえあれば簡単に誰にでもできることが可能なのではないかとも考えています。

――「誰からも必要とされていない」と感じたら……

〝漠然とした不安〟に襲われたとき

周防正行《すおうまさゆき》監督の名作に『Shallwe ダンス？』があります。

特別に不満を持っていない中年のサラリーマンが、どこか物足りなさを感じてダンスを始めて熱中して、生きる意義を取り戻していくストーリーです。

登場する竹中直人《たけなかなおと》さんや渡辺えり子さんの熱演ぶりに思わず笑ってしまう楽しい作品でした。この映画がアメリカで公開されたときにも、いわゆる〝中年の危機〟の部分がとても共感を生んだようです。

社会構造は少し異なっても、そこから生じる問題は万国共通なのかもしれません。

なんだか解らない〝漠然とした不安〟は芥川龍之介が自殺をしたときの原因な

のではないかと推測されるぐらいですから、けっして簡単に見過ごすべき話ではないと考えています。

原因が明確であれば対策は立てやすいのですが、正体不明なのですから厄介なものです。

対局をしていても、ここに大きな意義や価値があるのか、あるいは〝漠然とした不安〟を感じるときはあります。

何も手を打たなくても時間が解決してくれるケースも多いですし、単に集中ができなくてそんな気持ちになっていたと解るときもあります。

また、それでも解消できないときは、この問題は自分が初めて出合う悩みではなく、古今東西の誰かがすでに出合っていてすでに解決していると思うことにしています。

事実、事例を見つけられるかどうかは解りませんが、そうでしょう。

固定した視点を変えてみる

マザー・テレサも〝この世で最大の不幸は、戦争や貧困などではありません。人から見放され、「自分は誰からも必要とされていない」と感じることなのです〟と言っています。

そんな孤独を感じたとしても過去に誰かが同じような境遇に出合っているわけで、けっして孤独ではないですし、もし、その問題を解決したならば、これからその境遇に出合う未来の人からも感謝されるはずです。

将棋の世界においても戦術や戦略は時代とともに変化していきますが、悩ましい場面、分岐点となる局面はそれほど大きな違いはないものです。

サリンジャーの『ライ麦畑でつかまえて』は現在でも多くの人に親しまれ、読まれ続けています。

こちらは若い人の孤独についてですが、多かれ少なかれ、どの年代になっても存在するものではないでしょうか。

また、『ライ麦畑でつかまえて』は何かが報《むく》われるわけでもなく、大きな変化があるわけでもないのに心に響く作品です。

そして、息詰まったとき、煮詰まったときというのは視点が固定しがちです。深刻な悩みを抱えていたとしてもほかの人が聞いたら全然、気にする必要はないとか、考え過ぎと受け取るかもしれません。

個人的には棋士として結果を期待されることがあります。

そして、稀《まれ》にその期待が重い、息苦しいと感じるときもあります。

しかし、視点を変えれば私が勝とうが負けようがそんなことには何の関心もなく、影響もない人たちもたくさんいるわけで、そう思えば気も楽になりますし、だからこそ、ファンはとても有難い存在なのです。

気持ちがなかなか上向かないとき

以前、結果が出せない時期がありました。

勝負の世界は常に変動し続ける世界ですから長いことやっていればそんなとき

もあると軽く考えていたのですが、ファンの人が米は送ってくる、野菜は送ってくる、ハチミツは送ってくるということがあり、もしかして自分よりも心配をしているのではないかと思いました。そして、そんな気遣いはとてもうれしいものです。

そうは言っても、ときには気持ちがなかなか上向かないことも稀にあります。

そんなときにはあえて〝地獄〟を見るのです。

もちろん、現実の世界ではなく、映画の世界での話ですが。

私のオススメはフランシス・F・コッポラ監督の『地獄の黙示録』です。

舞台は泥沼のベトナム戦争における最前線ですから格好の舞台です。

どこまで行っても出口も見えず、希望も見えず、生きることもままならない地獄が見事に描かれています。

これと比較をすると大抵の悩みも孤独も瞬間的にふっ飛びます。

私はこの映画の中でサーフィンを取り戻そうと呼びかけるシーンが好きです。

途方もない極限状態においても何かしらの楽しみを見つけたいものだと思いま

したし、正常とは何か？　を考えさせられました。
頻繁《ひんぱん》にはオススメしませんが、〝荒療治〟としてはよいかもしれません。

――負けることで、ツキと力を貯える

「負けました」……自ら投了を告げる理由

将棋の対局では負けたほうが相手に投了の意思表示をしなければなりません。通常は「負けました」とか、「ありません」と告げるのが一般的です。

ほかの競技ではそのような習慣を言うことはほとんどないかもしれません。ボクシングで駄目と判断をしたときにタオルを投げ入れるのは投了と似ているかもしれませんが、それは本人の意思ではありません。

時間が限定をされているもの、回数が決まっているものは自動的に終了しますが、将棋の世界では逆で、最後の最後まで指すのは失礼とされています。

別にルールで決まっているわけではないのですが、一手詰《いってづめ》まで指すのは明らかに見苦しいとされていて、そのかなり前で投了をするのが一般的です。

だから、投了図を見たときに、なぜ終わったのか判然としないことも起こります。

実際にその局面からアマ同士で対局をすると、結果が入れ替わる可能性もあります。

ときにはプロの目から見ても、どうして投了したのか解らない対局もあります。まだまだ続けられそうでも諦《あきら》めてしまったりやる気がなくなってしまったときです。

深い考え方をする人は当然ながら投了も早くなります。

これには美学が関係していて、こんな型は耐えられない、とか、自分のミスに嫌気がさして投了します。

〝助からないと思っても助かっている〟

高校野球ではコールドゲームというのがありますが、大差がついてしまった場合はそこから何十手かかろうとも直ちに投了するのです。

将棋のプロが何よりも嫌うのは、ジリ貧というまったく望みのない局面をつくってしまうことなのです。

それなら思い切った勝負手を放って、たとえ成功しなくても短手数で決着をつけるほうが圧倒的に多いのです。

これは美学の問題ではなく、可能性のあるほうに賭ける極めて合理的な選択です。

投了にはそのときの心理状況にも影響を与えていて、粘る気力があるときには投了も遅くなるわけです。

だんだん、経験を積んでさまざまなことが見えてくるようになると、勝敗の帰《き》趨《すう》が早い段階から解ってくるようになります。

そして、同時に粘る気力も失われてしまうのです。

駄目だと解っているのに粘るのはとても大きな気力を必要とします。

しかし、駄目と気がついていなければ平気で頑張りつづけることができます。

才気あふれる人が諦めるのも早いのも先が見えてしまうからでしょう。

しかし、駄目だと思っても、そこから状況が逆転してしまうときもあります。大山康晴《おおやまやすはる》十五世名人は、晩年には〝助からないと思っても助かっている〟という言葉を好んで揮毫《きごう》されていました。

ガンの手術を乗り越えて現役を続行し、Aクラス（トップ棋士一〇人）を維持し続けた大山先生のまさに生きた実感だったのではないでしょうか。

不運続きでも嘆く必要はない

では、いつも最後まで粘っていたらよいのでしょうか。

実は一〇代のときの私の将棋は、とても投了が遅かったのです。

今の目で見ると呆《あき》れるくらい絶望的な局面を指し続けていました。

そして、あるとき、駄目《だめ》なときはやはり駄目で、そのときには素直に負けを認めて次に向かっていったほうがよいのではないかと思うようになりました。

それから、少し意識的に投了を早めるようにしたのですが、これにはある種の爽快感があるのです。

例えば、赤字ばかり出していた事業から撤退をして、マイナスは出してしまったが、それ以上、傷を深めることはなくなったような安堵感のようなものでしょうか。

早めに投了をすると切り換えもスムーズにいくので、次の対局にもスッキリとした状態で臨《のぞ》むことができます。

しかし、あるとき、毎回、早めに投了をしているのでは一局を理解するには不十分で、美学の名を借りた現実逃避なのではないかと思うようになりました。

やはり、自然と思える段階で投了するのが普通で一番なのではないかと、最近では思っています。

投了にはさまざまな解釈があって、早く投了することによってツキを充電していると思えるケースもあります。

ちょっと解りづらい感覚なのかもしれませんが、負けること、負け続けることによって力を貯え続けているケースもあるようです。

ですから、不運が続いたとしても嘆《なげ》く必要はないと考えています。

新たな〝発見〟を呼び込むものとは

見つからないと思ったときに見つかる

アイザック・ニュートンは、木からリンゴが落ちるのを見て万有引力の法則を発見しました。ずっと前からリンゴは木から落ちていましたが、それまでは誰も気づくことはありませんでした。

どうして、ニュートンは気がつくことができたのか、それは、それまでにたくさんの考え、アイディア、発想が蓄積をされていて、最後のひと押しとしてリンゴが木から落ちたのでしょう。

まさにリンゴが木から落ちたように。

何かに変化をもたらす存在は、〝触媒〟とも言えます。

化学物質に変化をもたらす場合は規定の触媒を調合しなければ成立しませんが、

アイディアを具現化するときの触媒は何がきっかけになるか解らないですし、何にでもなる可能性があるのが面白いところです。

そして、それは通常では本人にとっても思いがけない、予想だにしないものが触媒になっているところが興味深いところです。

どう考えても、ニュートンが発見のひらめきが欲しくてリンゴの木の側に来たとは思えません。

偶然、通りかかったときに発見をしたことになります。

これは触媒が自分の考えた候補の中には入っていないことを意味しています。

〝下手な鉄砲、数撃てば当たる〟という言葉もありますが、何がなんだか解らなくなるほど撃って当たったわけですから、本質的には同じことです。

昔、「夢の中へ」という歌がありましたが、その中で、探し物を見つけようとしても見つからない、というフレーズがあります。

最後のトビラは、見つからないと思ったときに見つかる面白いパラドックスが発見にはあるようです。

無私や無我の境地と言ってもよいのかもしれませんが、いつもそうしているわけにもいかないので、どうしたら発見が多くなっていくのでしょうか。

釣れなければ場所を変える

一つは何でもよいので変化していくことが挙げられます。

もちろん、合法的、社会的に許容のできる範囲の中ですが。

今までと同じ環境の中にいると、その環境は触媒としてはテスト済みということになり、効用は期待できません。

しかし、変化した環境の中ではその可能性はあります。

もちろん、見つかる保証はどこにもありませんが。

このことは釣りと似ているかもしれません。

釣れない場所で何時間粘ってみても釣れないときは釣れません。

場所を変えてみれば釣れるようになるかもしれません。

たくさんの発見をする人は漁師さんと同じように〝漁場〟をよく知っているよ

うです。

将棋の世界においても常に新しいアイディアを必要としています。

そして、漁場と言えるようなたくさんのアイディアがありそうな型、作戦もプロなら解ります。

ただし、漁場を秘密にして独占はできないので、ゴールドラッシュのときのようにたくさんの人が殺到します。

運よく新しいアイディアを見つけられるときもあれば収穫なしということもあります。

多くの人が殺到すれば優良な漁場も徐々にそうでなくなります。

独自色を出せるか

また、レッドオーシャンとブルーオーシャンという言い方もできます。

レッドオーシャンはたくさんの魚がいて、たくさんの餌《えさ》がある場所、ブルーオーシャンは魚が少なくて、餌も少ない場所です。

ブルーオーシャンだと思っても一度、流れが決まってしまうと、あっと言う間にレッドオーシャンになってしまうわけです。

そんな環境の中で発見をし続けていくためには、とにかく独自色を出す必要があります。

周囲がどんなことをやっているか調べる必要もあるでしょう。

自分では独自色を出していったつもりでもほかの誰かがすでにやっていたというケースは日常茶飯事です。

また、発見をするにはマジョリティの反対方向へ進む必要もあります。

そして、発見したことがマジョリティになったら再び反対方向へ。

なんだか追いかけっこをしているようですね。

ブルーオーシャンがレッドオーシャンに変わっていくさまには一抹の不安を感じるかもしれませんが、最初に発見した喜びは何物にも代え難いのではないでしょうか。

コロンブスが新大陸を発見したときも、そこに勘違いが入っていたとしても言葉では言い表わせない歓喜だったはずです。

——〝整理整頓〟の大いなる効用

片づいていないと落ち着かない人

私の父はきれい好きで、休日になると朝からよく掃除をしていました。なんでも煮詰まったときには掃除をするらしく、いつも整理整頓がきちんとされていました。

学校に入っても、社会に出ても、整理整頓は基本中の基本と言われています。しかし、物があふれている現代では収納するスペースの関係で、常に整理整頓をするには労力を必要とします。

独身時代は毎日、片づけているとそれだけでかなり時間をとられてしまうので、許容できるまでは散らかしておいて、さすがにさまざまな不便が生じるようになると一気に片づけていたものでした。

散らかっていると見つけたいものが見つけられなかったり、不要な物が増えたりなど弊害がたしかにあります。

あるとき、知人のオフィスを訪れるとたくさんの物があるにもかかわらず、実に見事に整理整頓されていて感心してしまいました。

思わず、「いつもこんなにきれいに片づいているのですか？」と聞くと、「性格です」と一言。

それで合点がいきました。

どうもきれいに片づいていないと落ち着かないようです。

片づいていれば常にスッキリとした気分で物事に臨めるでしょうし、とても大事なことだと思っています。

それができるか否かは、上手に捨てることができるかどうかではないでしょうか。

物を捨てれば〝執着〟も捨てた気分に

ある程度から上の世代では、物を大切にしましょうと言われて育ってきています。

愛着はなくともなんとなく将来、必要になるかもしれないから捨てられないというケースも多いのではないでしょうか。

しかし、将来、必要になるかもしれないと思っているほとんどの物は、ほんとうはまったく必要のない物ばかりです。

そう思うようになってからはどんどんと捨てられるようになりました。

また、物を捨てるとそれと同時に持っていた〝執着《しゅうちゃく》〟も捨てたような気分になります。

父親が煮詰まったときに掃除をしていた理由がほんの少し解ったような気がしました。

また、これは証明のできる話ではありませんが、きれいに片づけることとツキには何らかの関連があるのではないかとも考えています。いつも片づいてきれいにしている場所には幸運が舞い込んできやすい。

そう考えれば整理整頓のモチベーションも上がるのではないでしょうか。

将棋の世界でも子どものときは駒をどこに置くか、取った駒をどのように置くかはまったく気にしませんが、不思議と上達していくうちにマス目の真ん中に、取った駒も駒台にきちんと揃《そろ》えて置くようになります。

それは形の良し悪しがとても重要であることと関係していて、上達するうえでそれを識別できるかが鍵となるのです。

最初のうちは形など気にせず力まかせにやっていても通用するのですが、それではやがて壁に当たります。

一マスの駒の配置のズレで好型にも悪型にもなることが解ると、一段と力が伸びることになります。

それはこだわりとも言えるかもしれません。よい型からもっとよい型へ、そしてもっとよい型へと持っていくこだわりです。

一石二鳥！　片づけながらの考えごと

宮沢賢治の作品に『食卓会議』というのがあります。

いわゆる菜食主義についてさまざまな角度から話が出るのですが、米や味噌だけでは味わいを体験できないではないかという話に対して、毎日、同じ米や味噌を食べていく中で微妙な香りの違い、水分の違い、甘みの違いなどが解るようになっていくという主旨の反論をする場面があります。

整理整頓でもいくつかのステップがあるのではないでしょうか。

いつも清潔な状態を保っておくということは、それだけ細部にも目を配らなければなりません。

細部に目を配れるようになれば、微妙な違いも解るようになるわけです。

ゴミを拾って街の美化運動をすると犯罪も減って、治安も向上するとよく聞きます。

きれい好きでない人にとっても、そこでゴミを捨てるのは少し抵抗があるはずです。

また、片づけをしながら考えごとをしているとそちらのほうも整理整頓されることもあります。目の前で片づいていくプロセスを見ていると、考える問題の要点や無駄も同時に見えてくるわけです。

まさに一石二鳥ですね。

そして、その整理整頓が発言や行動に対しても大きな影響を与えていくのでしょう。

――集中力の高め方・持続する集中モードの作り方

集中力はあっても根気がない

二〇一四年のテーブルマーク主催の将棋日本シリーズ東京子ども大会には、三〇〇〇人以上の小学生が参加をしてくださいました。きちんと挨拶《あいさつ》をする、考える力を身につけると同時に集中力をつけさせたいというニーズが潜在的にかなりあるのではないかという印象を持ちました。

子どもには基本的に集中力はあります。

遊んでいるときはほぼ間違いなく集中力を発揮し、勉強になるとそれが一気に下降するのが一般的でしょうか。

そして、集中力はあっても根気がない傾向があるようです。

どうしたら長い時間、集中力を持続させることができるのでしょうか。

一つは、急には深い集中はできず、助走期間があってそこから徐々に段階的に進んでいくことができると思います。

集中のための準備が必要ということで、運動ならば体操のようなもの、勉強なら予習ということになります。

自分の子ども時代を振り返っても長くは集中していなかったです。

対局をしていてもパッと指しては隣の対局を見ていました。

ただし、隣の対局について集中して考えて、自分の対局の相手が指したらそちらの局面に集中をしていました。

先ほどの、集中力はあっても根気がないというのはその意味です。

〝身の引き締まる思い〟は集中モード

ここで大切なのは、集中しているときには遮《さえぎ》ってはいけないということです。

注意が必要ならば、集中が途切れたときにすれば集中力は徐々に増していきます。

途中で周囲が止めてしまうと、結果的には集中力が散漫になる練習をしたことになってしまうのです。

仕事のうえでも電話がかかってきたり、誰かに呼び出されたりするとそこで集中は途切れてしまいます。

ほんとうに深い集中が必要なときは、最低でも三〇分は塊《かたまり》の時間として欲しいところです。

また、長く集中をしていくためには独自のリズムをつくりあげることが重要です。

よく棋士が対局中に扇子をパチパチ鳴らしていますが、それでリズムをつくっているのです。誰にも心地よい思考のテンポがあって、自分にフィットしたテンポを集中しているときにつくりあげていくわけです。

残念ながら集中していないときにそのテンポをつくるのは難しいようです。

ですから、集中力をつけるためには何でもよいので、集中する機会をたくさんつくることがよいと思います。

そして、ある程度の時間、集中を続けると頭がボーっとします。

癒《いや》し系の動物のカピバラは常にボーっとしていますが、そのボーっとなったときが集中が終わった瞬間に似ています。

どれくらい長い時間、集中ができるのか、今日は集中ができているのかがそれで識別が可能です。

また、大きな出来事を目の前にしたときに〝身の引き締まる思い〟という表現がありますが、ほんとうに身が引き締まっているときは集中モードに入っています。

似た表現では〝身がこわばる〟もありますが、これは緊張をしているときで、この二つは似て非なるものです。

疲れやすいと集中力も続かない

将棋の対局では持ち時間がとても長いものもあります。

順位戦では一人の持ち時間が六時間、朝の一〇時に始まって昼と夜の五〇分ずつの休憩をはさんで、お互いに時間を使い切るとだいたい夜の一二時半くらいになります。

さすがにずっと集中をするのは困難で、ある程度のメリハリはつけるのですが、ギヤを上手に入れ換える必要があります。

ボーっとしてしまってもリフレッシュして集中しなければなりません。ちょっと席を外したり、水分を補給しながらやっています。

ですので、集中力は体力とも密接に関連しているようです。

体力がなく、疲れやすければ集中力も持続させるのは難しいでしょう。

やはり、健康はなによりも重要なことであると思えます。

〝ランナーズハイ〟と呼ばれるものがありますが、将棋の対局にも同様なことは起こり得ます。

くたくたになったその先に、さらなる集中の世界があるのも事実です。

ほとんどの世界ではそこまでやる必要性はまったくないわけですが、それだけ集中の世界は奥深いものです。

楽しみながら少しずつ深い集中を知っていくのが安全・健全なのでしょう。浅瀬でも深海でも見える景色の美しさに変わりはありません。

3章——「独自の発想」をどう活かすか

――お酒に頼らず、しっかり眠るために

無理な徹夜がたたる年代

人生の約三分の一は眠って過ごすことになります。充実した睡眠は充実した生活につながるのは間違いないでしょう。

五〇代の人に話を聞くと、若いときは短時間睡眠でも平気だったが、最近はしっかり眠らないと仕事ができないと言っていました。

そして、なかなか眠れない〝不眠症〟の人も年々増えているようです。

不規則な生活・お酒・ストレス・時差など、さまざまな原因が考えられます。

〝対局前は眠れますか？〟とよく聞かれるのですが、最近は日常とまったく変わらずに眠れます。

一〇代、二〇代の頃は緊張して眠れないときもありました。

しかし、若いときの睡眠不足は大きな影響を与えないようです。

徹夜についても同様で、起きているときは年代にかかわらず大丈夫だったりします。

しかし、徹夜をした後に体力が回復するまでは年代によって差が出そうです。

よく徹夜をしている人に話を聞くと、お日様が出る前に眠ると回復が早いようです。

恐らくメラトニンなどの分泌物と関係があると思いますが、詳《くわ》しくは専門の人たちにお任せします。

自分自身の経験則としても、日の出は大きなターニングポイントだと考えています。

また、朝を過ぎると一時間おきとか、三〇分おきに眠気が襲ってきます。

当然、ダメージも大きくなるので、無理な徹夜は避けたいものです。

神経が高ぶっているときはお酒の力を借りて眠る方法もあります。

ビジネスマンはこれをしている人は多いかもしれません。

たしかにお酒を飲めば眠れるかもしれませんが、いわゆる浅い眠りになり、朝、起きてもまだ疲れが残っていることもあるのではないでしょうか。

眠るためのお酒、ヤケ酒は体にも眠りにもよくない気がしています。

もちろん、実体験に基づいて思ったことです。

しっかり眠るためのいくつかの方法

ところで、眠ることと体を休めることは別なのではないでしょうか。

横になっていれば、仮に眠っていなかったとしても体には休養を与えているような気がしています。

もちろん、眠りながら休んだほうがよいので、いくつか方法を紹介します。

一つ目は運動をすることです。

歩くのでも走るのでも体操をするのでも何でもよいのですが、体を動かすことによって眠りやすくなります。

ただし、寝る直前には神経が高ぶるのでおすすめしません。

また、朗読もよいと思います。

本でも詩でもお経でも語学でも何でも構いません。

できれば難解で自分には意味が解らないものがよいと思います。

繰り返していけばあっと言う間に眠たくなります。

意味が解ると考えごとを始めてしまいますから、何を言っているか理解できないほうがよいのです。

しかし、この方法にも難点があり、何十回も繰り返していれば嫌でも意味が解ってしまうのです。

定期的に変更する必要があります。

現実が幸せ過ぎると悪夢を見る

また、夢についてですが、いわゆる悪夢があります。

ある芸術家の人に話を聞いたことがあります。自分が作品をつくっているといつも大きな失敗をして目が覚める夢ばかり見ていたそうです。

あまりにそのような悪夢が続くので、著名な心理学者・河合隼雄《かわいはやお》先生に相談をすると、

「それはあなたが現実では幸せ過ぎるのです。だから夢では失敗する場面を見るのです」

と言われ、救われたという話を聞きました。

あるとき、私も対局の前日に夢を見たことがありました。

それは、対局をしている場面で一つの局面も見えるのです。

そして、なんと私は二歩の反則をして負けてしまうのでした。

反則をしてハッと気がつくと夢から覚めました。

そして、夢でほんとうによかったと思ったのでした。

夢の解釈にはいろいろ、あるようです。

最近あった出来事からランダムに抽出され、夢になるという説もあります。

たしかに整合性のない夢もよくあります。

しかし、経験した出来事を何かしら整理している気がします。

現実の世界でも眠っているときでも、楽しい夢を見たいものです。

――無理に「プラス思考」を続けない

〝元気があれば何でもできる〟

よく自己啓発の本などでは楽観的になってプラス思考で前向きに生きましょうという内容が書かれています。

たしかにそれはそうで、悲観的より楽観的、マイナス思考よりプラス思考、後ろ向きより前向きのほうがよいのでしょう。

しかし、無理にプラス思考を続けていくのは明らかにマイナス思考です。

人それぞれ慣れ親しんだ環境があるので、急に変えることは容易ではありません。

仮におとなしい人が、陽気なイタリア人のグループの中に入っても陽気にはなると思いますが、同じテンションを保つのは簡単ではないでしょう。

また、プラス思考をしたいとは思っていても、いざ実行しようとするとできなくなるケースもあるでしょう。

前向きに取り組んでいくためには、それを習慣づけする必要がありそうです。自力でなんとかできればよいのですが、それも大変な場合は活気のある場所を探して行くのがよいのではないでしょうか。

不況の昨今では活気のある場所は少ないかもしれませんが、探せば必ず見つかるはずです。その典型的な場所がお祭りです。

お祭りはどんな地方・街でも、最低でも一年に一回は必ず行われています。まさに昔の人々の知恵だと思います。

お祭りをすれば必ずと言ってよいほど、活気と元気が生まれます。

また、経済的にもお金が動きますので、活性化されます。

そして、地域でのネットワークが強まり、治安もよくなるという、一石三鳥ぐらいの効果があると考えています。

アントニオ猪木《いのき》さんの名言ではありませんが、〝元気があれば何でもできる〟

と思えるのではないでしょうか。

マイナス思考も極まればプラスに転じる

将棋の世界の場合でも楽観的に考える人のほうが多いと思います。

一手一手が自己責任ですので、あまり悲観的に考えると自己否定になってしまうからだと思っています。

ただし、いつも楽観的に考えているかというと、そうではありません。形勢を判断するときなどはむしろ悲観的にとらえているほうが多いです。

また、リスクについて判断をするときも悲観的に考えなくてはなりません。マイナス思考をするのはマイナス思考、と考えるのがマイナス思考なのではないでしょうか。

ロシア文学を代表する文豪・トルストイやチェーホフの作品などはどれも重く、苦しく、深いテーマを扱っているものばかりです。しかし、全体として眺めたときには必ず希望がちりばめられています。

悲観的な状況であってもプラス思考に転じることもできると言われているようです。

それを象徴的に表わしているのが韓国の国旗にもなっている陰陽太極図ではないでしょうか。白と黒があり、白の中にも必ず黒があり、黒の中にも必ず白がある。

陽が極まれば陰に転じ、陰が極まれば陽に転じる――は、昼と夜を交互に繰り返しているような印象を受けます。

マイナス思考も極まればプラス思考に転じるということになります。

もっとも、どん底を経験しなくても転じたいところですが……。

"適当"がマイナスの長い周期を変える

自然の中のサイクルは変えることはできませんが、自分の思考の中のサイクルはどうでしょうか。

プラス思考とマイナス思考を繰り返しているはずですが、一つの周期と浮き沈みは意識的に行えば変えられるはずです。

集中力がついてくると一つの周期が長くなる傾向があるのではないかと考えています。

プラス思考の期間が長いのはよいですが、マイナス思考はちょっと……と思ったときは〝適当〟になるのがよいと思います。

気まぐれや適当はそんな周期も変えてしまいます。

あまり適当になり過ぎるといい加減になって社会生活に支障をきたすかもしれませんが。ごく稀《まれ》に、ずっと陽でいられる人も存在していると思っています。

マザー・テレサも典型的な陽の人で、ずっと陽でなければあのような活動を続けることはできなかったのではないでしょうか。

ただ、偉大過ぎて真似ができない、あの人は特別だからという解釈をする人が多いのではないでしょうか。

もちろん、最終的にはずっと陽でいられる可能性もあるわけですが、プラス思考とマイナス思考を併せ持つなら、少しだけプラス思考が強いぐらいでもよいのではないでしょうか。
それなら簡単にできるはずです。

「シンプル・イズ・ベスト」が生む画期的なアイディア

「もっと簡単にやれ!」の真意

以前、カーネギーメロン大学で人工知能の研究をされている金出武雄《かなでたけお》先生にお会いしたときに、KISSアプローチという言葉を教えていただきました。KISSとはKeep・It・Simple・Stupidの略で、元々は軍隊用語らしいのですが、「もっと簡単にやれ!」というニュアンスだそうです。

最初のうちはKISSアプローチしかできないので続けますが、徐々に複雑でややこしい方法を選ぶようになります。

そのほうが高級そうな感じもしますし、早く答えに辿《たど》り着くような気がするからです。

しかし、実は簡単に考えたほうが解るときもあります。

将棋の局面においてもさまざまな角度から考えるのではなく、直感で選んでしまったほうがよいケースもあります。

簡単に考えるということは無駄を削《そ》ぎ落とすことでもあり、ポイントを摑《つか》むことでもあります。また、いろいろなことを考え過ぎて混乱してしまい、元の状況より悪くなってしまうこともよくあります。

そして、このＫＩＳＳアプローチはとてもアメリカ的だとも思います。

スティーブ・ジョブズ氏のアプローチ

しかし、ヨーロッパの人々から見ると、アメリカ人は思想としての奥行き、深みが感じられない、伝統の大切さが解っていないと感じているかもしれません。

ところが、二〇世紀の多くのイノベーションはアメリカ発で、テクノロジーの世界でも多くの分野で先端を走り続けています。

インターネットの世界でもそうですし、バイオテクノロジー、軍事においても他の追随を許していません。

もちろん、世界中から有能な人材を集めているという背景もあると思いますが、ＫＩＳＳアプローチの馬力を感じずにはいられません。

アップル社の創始者であり、マッキントッシュ、ｉｐｏｄ、ｉｐａｄなど数多くのメガヒット商品を生み出したスティーブ・ジョブズ氏のｉｐｏｄが世に出るまでのときのことはＫＩＳＳアプローチを感じずにはいられません。それは音楽をいつでもどこでも気軽に楽しんでもらいたいというアプローチです。

開発には時間も労力もかかりそうだとか、業界関係者を説得して合意をつくるのは大変そうだとか、というよりも最初の動機（音楽を楽しむ）を核に邁進していくのは、まさにＫＩＳＳアプローチそのものではないでしょうか。

基本セオリーに反した斬新なアイディア

将棋の戦法の一つに「藤井システム」という有力な作戦があります。

振り飛車の一つの型なのですが、相手に穴熊という守りを作られると、どうも少し分が悪かったのです。

序盤では通常はお互いに囲いを作って守りを固めるのですが、藤井システムは守りをつくられて悪いのなら、その前に攻めてしまおうというアプローチの作戦なのです。

ですから、自分も守らず、相手にも守らせず、直ちに速攻を仕掛ける超アグレッシブな戦いになります。

なぜ、この作戦がそれまで発見されなかったかというと、二つの基本セオリーに反していたからです。一つは〝居玉は避けよ〟。将棋を覚えた後に最初の基本として覚えるのは玉を動かして（居玉を避けて）囲いを作ることなのです。

二つ目は〝玉飛、接近すべからず〟。玉と飛を近づけると同時に目標にされるので、玉と飛は離れた場所に置くのが基本です。

藤井システムは居玉のうえに玉の側に飛があります。

型だけを見れば初心者の人がよく指している型と大差はないのです。

しかし、相手に囲われたら悪い、というKISSアプローチがあれば、そんな常識もセオリーも先入観も吹っ飛んでしまいます。

指されてみればコロンブスの卵なのですが、それだけ画期的で斬新なアイディアでした。

その波及ぶりたるや大変なもので、一時期は子どもが指している振り飛車のほとんどが藤井システムになっているときもありました。

目指すはシンプル・イズ・ベスト

自分では作れませんが、短歌・俳句などの創作もシンプル・イズ・ベストということではないでしょうか。

ごちゃごちゃと考えたものよりも、すっと思い浮かんだ作品のほうが響くものがあるような気がします。

茶の世界を完成させた千利休においても、徐々にシンプル・イズ・ベストの方向へ進んでいき、作法や道を究《きわ》めた気もします。

周囲では茶碗一つが城一つというようなことをやっていたわけですから、そのコントラストは実に鮮《あざ》やかだと思います。

――棋士は、なぜ和服を着て対局するのか

〝仕来たり〟という名の見えざる法律

法治国家には必ず法律があり、また長年、習慣として続いてきた〝仕来たり〟があります。

ときにはその二つがぶつかるときもありますが、公の場所では当然ながら法律が優先されます。昔のものでは聖徳太子の十七条の憲法や大宝律令などが有名です。

小さなコミュニティならば仕来たりだけで問題は起こらなかったでしょうが、人が増え、いろいろな場所に住むようになると多様な問題が生まれ、仕来たりだけでは解決が難しくなります。

しかし、仕来たりについては生活をしていくうちに自然に覚えますが、法律に

ついては特別に勉強をしている人以外はほとんど知らないと思います。

私もおそらく施行されている法律の一パーセントも知らないと思います。それでも不自由なく暮らしていけるのは、日常生活においては仕来たりを中心に動いているからではないでしょうか。

たとえば、道路交通法では自転車は車両なので歩道を走るときは自転車を降りて歩いていかねばなりません。

しかし、実際にそれを守っている人はほとんどいないですし、とがめる人もいないでしょう。

日々、「空気」を読もうとする日本人

このときにいつも思うのは、一神教の世界と多神教の世界の法律・ルールの重みです。

一神教の世界では根本が神との契約から始まるので、契約、法律の重みは途方もないものになります。

逆に多神教の世界の場合は契約もあるけど仕来たりの部分もあるから、というように絶対的な感覚は持ちません。

日本の場合、契約といっても法人が占める割合が多いでしょうし、個人で契約をするときにでも事細かく決めるケースは極めて少ないと思います。

また、法律にも解釈や運用という側面もあり、文面はまったく変わっていないのに解釈や運用を変えることによって、ルールが変わっているケースもあります。

つまり、日本で暮らしていることは法律と仕来たりがあるうえに、さらに法律にも運用の部分があるということで、実に複雑で曖昧な世界に生きていることになります。

ところで、一時期、ＫＹという言葉が流行しました。

空気が読めないことの略称ですが、これは少し考えるとすごいことを言っているのです。

なぜなら実体のない、得体のしれない空気が読めなければ非難をされてしまうのですから。法律や契約なら暗記をしてしまえば理解したことになりますが、空気はそうはいきません。

誰がつくっているかも解らないですし、毎回、同じ空気ではないのですから。

それだけに、特に社会に出てからは日々、空気を読む練習をしているともいえます。

日本人がきめ細かいサービスやおもてなしができるのも、そんな日々の研鑽《けんさん》の結果ではないでしょうか。

長年の習慣を変える難しさ

アルビン・トフラーの『アルビン・トフラー「生産消費者」の時代』（日本放送出版協会刊）という本の中に、社会の変化のスピードについて書かれていました。

時代の先端をゆく企業を時速一〇〇キロメートルとすると、家族は時速六〇キロメートル、官僚機構は時速二五キロメートル、法律は時速一キロメートルとのことでした。

企業は変化に敏感に反応しないと生き残れないですし、家族は生活用品や電化製品を能動的に変えていくので意外と早いのです。

そして、法律は時速一キロメートル、時代の変化についていっているとはとても言えない状況のようです。

仕来たりで動いていることもありますが、大きな、重大な案件になると法律が必ず出てきます。

そして、時代に即していないケースもあると考えれば、危機が起こりそうなときは法律でない型で防ぐことも考えなければならないのかもしれません。

将棋の世界にも法律のようなルールブックは一応あります。

しかし、量としてはたいしたものではありません。ですから、仕来たりの比率が高い世界だと思っています。

例えば、和服を着て対局をするのも、ルールがあって強制的に着ているのではなく、あくまで長年の習慣です。

伝統とは義務的に決められたものではなく、自然に引き継がれて、受け継がれていくものだと思っています。

ただし、仕来たりのほうが法律よりもときには拘束が強かったりします。

それだけ長年続いてきたことを変えるのは難しいのです。

柔軟に法律と仕来たりに向き合いたいものです。

——成長するそれぞれの段階で、いかに練習するか

回り道をしたくない、は自然な感情

どんな物事でも練習を積み重ねなければ上達することができません。

しかし、その方法となると多種多様になり、アプローチの仕方も異なります。

また、短時間で効率よく楽にできる方法を知りたいというニーズも根強くあるようです。〝学問に王道なし〟という言葉のように簡単な方法はないのかもしれませんが、できれば回り道をしたくないと思うのが自然な感情ではないでしょうか。

私が将棋を覚えた頃は練習方法について考えたことは一度もありませんでした。

適当にやみくもに駒を動かしていただけだったと思います。

そして、それでよかったとも思っています。最初のうちはどんな練習方法も行

ったことがないわけですから、何をやっても大きな効果があるはずです。

ですから、最初のうちはどんな練習でもよいことになります。

しかし、ひと通りの練習方法をマスターしてしまうと煮詰まる時期がきます。

それぞれの練習方法が薄まってしまうからです。

必ず訪れる停滞期から抜け出す方法

例えば、将棋の基本の一つに、囲いをつくるというのがあります。

矢倉《やぐらがこ》囲い、美濃《みの》囲い、船囲い、カニ囲い、中囲い……などたくさんの囲いがあります。初心者のときには囲いを覚えることは絶大な効果を発揮します。

なぜなら、囲いをつくる前は無防備で弱点だらけなのですが、作り上げると鎧《よろい》を纏《まと》ったように少しの衝撃ではびくともしません。

そして、陣型のバランスがよくなる、大駒が使いやすくなる副次効果もあるのです。

初心者同士の対局の場合は、まずその囲いの崩し方が解らないはずです。

ですので、難攻不落の要塞のように相手からは見えるでしょう。

ところが、有段者になってしまうと、囲いのレパートリーを一つ増やしたところで大きな進歩にはなりません。

その型を作れる機会はたくさんはないですし、相手もその型を崩す方法についてもよく知っています。

また、このことはモチベーションとも大きな関連があります。

最初のうちは効果がはっきりと直ちに表われるので、楽しくてイキイキと練習を続けることができます。

しかし、停滞期に入ってしまうと効果がすぐには上がらない、難易度は上がる、苦しいと思うようになり、モチベーションが下がってしまうのです。

ですから、気分を変える意味でも新しい練習方法をトライしてみるのは意義のあることだと思います。

たとえ、効果が少なくてもです。

なぜなら、ほかの方法でもすでに煮詰まっていたのですから。

また、練習には蓄積型の練習と発散型の練習があると思っています。

将棋の練習でいえば、本を読む、定跡を覚える、詰将棋を解く、は蓄積型に該当し、発散型は実戦を行う、駒を動かして分析をするということになります。

そして、肉体を使うものでは発散型の練習が多くなり、頭脳を使うものでは蓄積型の練習が多くなる傾向があると考えています。

煮詰まったときには異なるタイプの練習に切り換えることによって打開できるケースもかなりあるのではないでしょうか。

ブレイク・スルーするための練習

また、時期的に必要となる練習もあると思っています。

奨励会（プロの養成機関）に入会をして間もないころ、週一回、兄弟子（師匠が同じで先輩の人）の家へ行って実戦と考え方を教えてもらっていました。

それはプロの将棋とアマの将棋の考え方や発想の違い、どういうロジックで組み立てるか、どんな型が表われやすいかというセオリーについてでした。

それまでは発散型ばかりの練習だったのでとても新鮮でしたし、その一年前ではおそらく理解をすることはできなかったはずなので、ピッタリのタイミングでした。

一つの成長、一つのブレイク・スルーをするための、そのときのためだけの練習もあるのではないかとも考えています。

いずれにせよ、練習方法は常に工夫をし続けていく必要はあると思います。何か欠けている部分は常にあるはずですし、練習の中に面白みを見つけだすことも重要だからです。

そうなってしまえば練習方法で思い悩む必要もなくなります。

これからもさまざまなメソッドを試してみようと考えています。

――情報をいかに分析し、捨てるか

検索は有効な武器

現代は膨大《ぼうだい》な情報が溢《あふ》れています。

それをどのように取捨選択して分析を加えるかが大きな課題です。

将棋界でも、公式戦だけでも年間約二〇〇〇局、非公式まで入れるとその数倍の対局が行われており、すべてを調べ尽くすのは時間的にも不可能です。

実際には、公式戦の半分も私は見ていないと思います。

本当に必要な情報をどのように抽出するかは、いくつかの方法があります。

ひとつは「検索」です。

一般に何かを調べるときにＹａｈｏｏ！やＧｏｏｇｌｅを使ったりしますが、将棋の世界にも棋譜データベースというソフトがあり、これを使えば過去三〇年くらい前までの棋譜はすべて調べることが可能になっています。

検索は大きな流れを摑むときや、現在のトレンドを知るときにはとても有効なのではないかと考えています。

そして、ある特定の分野・ジャンル・個人を調べるときにも機能している気もします。例えば、ある人と対局をするときに個人名を入れて棋譜検索をかければ、得意な型、最近の傾向、棋風などが見えてきます。

ある程度、名前の通った人ならば、ウィキペディアに経歴が載っているようなものでしょうか。

もちろん、これですべてが解るわけではありません。

大まかな概要を摑むという程度だと思います。

〝空気が読める〟に通じる分析力

かつて外務省に在籍し、優れた情報分析で定評のある佐藤優《さとうまさる》さんは、〝必要な情報の8割は公開情報から得られる〟という主旨のことを言われたりしています。

まさに至言で、確かに必要な情報の大部分は、すでに公になっているところから十分に知ることができるのではないかと私も思います。

新聞を読むときの表現に〝行間を読む〟という言い方があります。

記事の中の文章に内包されている本当の意味を知る、という意味です。

もちろん、字面を追って記事を読むこともできるし、特殊な用語・表現を理解すると、より深い内容になるということです。

そんな難しいことは解らないと思う人もいるかもしれませんが、日常的にはもっと難しいことをしています。前にも触れましたが、それは、「ＫＹ」です。ＫＹは、〝空気が読めない〟の略称ですが、よく考えれば、これは大変なことなのです。

なにしろ実態もなく、得体の知れない空気・雰囲気を察知しないと、ＫＹと非難されてしまうのですから。

情報を分析することは、ＫＹにならないことと一致するのではないでしょうか。

ＫＹで面白い人もたくさんいますが……。

公開されている情報をどう分析するか

さて、公開されている情報に対して、どのように分析を加えるかですが、ひとつは「時系列で見る」があります。

歴史の年表を見るように、過去から順番に並べることによって何が起こったかが、より鮮明になります。

また、プロの情報・スペシャリストの情報を並べる方法もあります。

どうしても数が少なくなる難点はあるのですが、本質的な分析を加えるときには有効ではないでしょうか。

それから、極端な情報を対比して比較する方法もあります。

端《はし》から端までなので、分析をしている情報の幅が解ったりします。

それによってもっと情報が必要なのか、十分なのかも明確になります。

また、極端な情報には、その中にある限界についても明示されていることも多いので、とても有効だと考えています。

そして、結果だけで見る方法もあります。

〝結果オーライ〟で途中では問題はあったとしてもうまくいったわけですから、それだけを分析すると対象となるひずみの部分が浮かび上がったりします。

例えば、棋譜検索をして一方が圧倒的に勝っているケースがあるとします。

途中では互角のはずなのに、結果は大差がついている。

この場合は、互角と思っている局面の評価が間違っていることが多いのです。

それが解れば、先の局面は分析する必要はなくなります。

問題はもっと前にあるのですから。

最後にはたくさん分析をしたとしても捨てることだと思っています。

すべては過去からの蓄積で、これから分析結果通りになる保証はないのですから。

それでも情報分析の必要性は少しずつ高まっているはずです。

――熟慮を重ねることのメリット、デメリット

〝長考派〟と〝早指し派〟

ひとつの局面で三〇分以上、考えることを〝長考〟といいます。

持ち時間が長い二日制の対局では、一局で五回ぐらいは長考することになります。

対局の中での大きな分岐点、勝負所で考えることもありますが、時には平凡で他に選択がない場合でも長考をするケースがあります。

それは今の局面について考えているのではなく、先の局面、重大な決断の一手について考えています。

その場面になってから考えればよいという意味もありますが、プロはある程度、目安をつけてから選択を決めたいと思う傾向があるようです。

プロにも〝長考派〟と〝早指し派〟に分類ができます。

早指し派は何も考えずに指しているわけではなく、相手の手番のときにでも絶えず次に何がくるかを正確に予測しているので、一手動かされたときに素早く反応しているのです。

ですから、早指し派の人は自分の持ち時間ではなく、相手の持ち時間も有効に使って考えていると思います。

また、意表を衝《つ》かれることが少なくないと早指しはできません。

まったく予期せぬ意外な一手を指されてしまうと、自分の選択を考える前に、その意図を探るのにある程度の時間を費やす必要があるからです。

長考することの利点

長考のよいところは、目前の一手に焦点を合わせるだけでなく、その背景やプロセスまで考えることができることです。ですから、同じ一手を指されたとしても、五分で指されるのと、一時間の長考の末に指される一手では意味合いが異なります。

五分で指されているときは読み筋《すじ》の範囲の中であるか、感覚的に手を選んでいるかのどちらかでしょう。

逆に長考されたときは長い手順のたくさんの読みを入れている、そして苦心の末に選択をしたことになります。

ここで重要なのは一手を選んだ理由ではなく、他の有力な候補手を選ばなかった理由です。

稀《まれ》に気がついていないケースもありますが、自分で考えた有力な選択は相手も一度は考慮に入れていることがほとんどです。

ビジネスでも、誰もやったことがない新規事業は、少なくとも誰かが考慮に入れたことがあるのがほとんどではないでしょうか。

しかし、実行されていないのには理由があって、リスクが高い、マーケットが小さい、規制・特許の壁がある、莫大な投資が必要、専門性の高い人材が必要、軌道に乗るまで長い時間が必要……などなど、大きな要因がどこかにあります。

ですから、選ばれた一手がごく普通の一手だとしても、ひとつの重大な要因を取り除くために長考しているケースはよくあります。

そして、それを考えたほうが現状をきちんと認識できることが多いのです。

また、長考が続いているときは、お互いに選ばなかった選択について考えているので、たくさんの共通認識をつくっているわけです。ですから、仮に自分にとって予想に反した一手を指されたとしても、その背後にある共通認識がたくさんあるので意外ではあるが、理解はできるという認識になります。逆に言えば、もし共通認識がつくれないときには、実力的な開きがあると言えます。

読み筋や判断に大きな違いがあるときには、共通認識はつくれません。

こういうことを繰り返していくうちに相手の力量を推し測ったり、判断する力が向上したりします。

察知する力が磨かれる

将棋界には〝長考に好手なし〟という言葉があります。

長くは考えたけれども結局、迷いに迷って正しい選択ができないのです。

これは確かに一面を言い当てています。

長考をしているときのほとんどは考えているのではなく、迷っていることが多いのです。

では、何でもすぐに指せばよいかというと、必ずしもそうではありません。

その迷っているプロセスが次からの対局での迷いをなくす面もあります。

また、長考をしているときには、たくさんの蓄積をしているとも言えます。

それは長く正確に考える手順かもしれませんし、相手の動きを察知する力かもしれませんし、長く継続する集中力かもしれません。すぐに効果が表われるわけではないのですが、着実に力を伸ばすと思います。

私がプロになって嬉しかったことの一つは、持ち時間が長くなって長考をすることができるようになったことです。

それで内容についても、じっくり初めて考えられるようになりました。

〝構想力〟には、想像力と創造力が不可欠

基本原理に沿ったプラン

将棋の対局では最初に必ず構想を立てて臨みます。

それはひとつの陣型というときもありますし、しっかり守りを固めるという抽象的なときもあります。

どのようにして構想を立てるのがよいのでしょうか。

ひとつは基本・基礎に基づいているか、だと思います。そうでなければ完成させることもできず、中途半端に終わってしまうでしょう。

次は、自分のスタイルに合っているかどうかです。

素晴らしい構想でも、自分の好みや得意なものでないと、なかなか実現をさせるのは難しい気がしています。

もちろん、練習を積み重ねていく中で、徐々に得意になることはあります。

そして、実現の可能性について判断することも大切だと思います。

駒組みのセオリーの中には理想型と呼ばれるパターンがいくつかあるのですが、実戦で実現することは極めて稀《まれ》です。

ひとつの方法がうまくいかなかったときの代案を〝プランB〟と言ったりしますが、バックアップとして代案を持っていることは大きな強みにもなります。

構想力というと、大きなプランを立ててどちらが優れているかと考えがちですが、実際には、いかに基本原理に沿ったプラン・代案を作れるかではないでしょうか。

構想の背後にある綿密さ

ひとつの方法がうまくいかなくても、そこから継続性・整合性を保ちつつ軌道修正するのも構想力だと思います。

将棋の序盤戦においては、特にさまざまな可能性を残しながら一手ずつ動かしています。

もちろん、目指すべき型はきちんとあるのですが、相手にそれを阻止する手段を講じられたときには自分がしっかりと有利になる、良くなるプランも用意しておくことです。

ひとつの型を徹底的に掘り下げるスペシャリストよりも、たくさんの型を使い分けるオールラウンドプレイヤーの棋士が増えているのも、このことが関係しているのです。

ですから、例えば〝攻撃型〟とか、〝守備型〟という分類は、最近ではあまり意味がなくなりつつあります。

それは一局の中での構想や状況によって変わってしまうからです。

綿密とも言えるのですが、実際に表われるのは一つの構想だけなので、全体像は浮かびづらいことがあります。

しかし、棋譜を見ていると、その背後にある構想の綿密さが解るときもあります。

例えば、ある局面で、端にある歩を一つ前に進めたとします。

〝手のないときには端歩《はしふ》を突け〟という格言があり、有効な手段がないときに端歩を突くのも多いのですが、綿密なケースの場合は一手前でも駄目、一手後でも駄目、という唯一のタイミングで突くのです。

ですから、それは背景にある変化を知らないと、ただ単に有効な手段がなくて端歩を突いている平凡な一手にしか見えません。

もっとも有効な構想の立て方

そして同じ棋譜を見ていても、理解度によって見えてくる風景は異なってきます。

あまり自分が指したことのない型は、初めて棋譜を見たときには何をやっているか、ほとんど解らないのが実情です。

そして少しずつ少しずつ断片的な情報が見えてきて、最終的に全体像が浮かび上がってくるような感じです。

これは推理小説の謎解きと似ているかもしれません。たくさんの文章の中にヒントが隠されていて、まとまったときにすべての展開がわかります。

推理小説の場合は伏線としてさまざまなヒントが書かれてあるので、読み返してみると、かなり親切に暗示しているのが解ります。

将棋の棋譜の場合はそこまで親切ではないのですが、行っているプロセスはほぼ同じです。

構想力には、想像力と創造力の二つの要素が不可欠です。

想像力はまだ起こっていない、あるいは起こる力をリアリティを持って受け止めるようなものですし、構想そのものの目標地点とも言えるのではないかと思います。

また、創造力のほうは、それを具体的に実現させるアイディア・発想だと思います。

想像力ではゴールに到達をしているのに、創造力で追いつくことができないのは一番もどかしいときでもあります。

しらみつぶしに一つ一つ検証することや、今までやってきたことをすべて捨てた視点で見るなどの方法がありますが、とにかく創造力を日常的によく働かせるのが最も有効な構想の立て方だと思っています。

4章——「変化の波」にどう対応するか

仕事の軌跡・記録を残すということ

棋譜はできるだけ書いて残す

将棋のプロの公式戦には必ず記録係の人がついて棋譜を残します。対局が終わると対局者、観戦記者、担当記者に棋譜のコピーを渡して記録係としての任務を終えます。

コピーがなかった時代は手書きで書かなければならなかったので、棋譜を七通から八通は清書していたそうです。

当然のように毎回、徹夜で仕事を終えていたようでした。

将棋連盟で保管はしてあるので自分で棋譜を保管する必要はないのですが、コピーとしてもらえるので、公式戦の棋譜はすべてファイルしてあります。

ごく稀に振り返ったりすることもあります。

ただし、デビュー当時の棋譜は、目を背《そむ》けたくなる内容ばかりですので、見ることはほとんどありません。

実はデータベースができてからは、さらに保管をする必要はなくなっているのですが、長年の習慣として続いています。

というのは、入門するときに師匠を紹介してくださった方から〝棋譜はできるだけ書いて残しておくように〟と言われたからです。

ポイントとなる局面を書き込む

最初のうちは一局のすべてを記憶することが難しかったので、覚えている途中まで書いていました。プロの養成機関に入ると、一日に三局の公式試合を行います。

手数のすべてを覚えているのは、とても困難です。

しかし、少しずつですが、覚えることができるようになっていきました。

また、ポイントとなる局面について書き込んでおけば、後で振り返るときにはとても便利です。

そのうちに、書いておかないと何となく落ち着かないようになりました。全部ではありませんが、ある程度、時間をかけて指した将棋は、記録として残すようにしています。

また、そのように棋譜を書くことによって頭の中が整理されるというか、一局を総括ができるような気がします。

慣れてしまえば時間も大してかからないので、今後も続けていこうと思っています。

初めて海外のチェス（西洋将棋）の大会に参加したときにプレーヤーが自ら記録をつけることを義務づけられているのに驚きました。

何かトラブルが起こったときには審判がやってきて、その記録を見てジャッジをするわけです。自己証明を常に求められるチェスの世界らしいなあとも思いました。

もっとも、言語が違っていたりして相手が何を書いているのか、さっぱり解らないこともあるのですが……。

初心者の人から世界チャンピオンまで全員が記録をつけるのですから、膨大な量の記録になります。

それらを集めてデータベースを作ることになるので、何百万局の棋譜が一つのソフトに入っていることも珍しくはありません。

どんなものでも記録に残すという考え方は、後に歴史を振り返るときには役に立つはずです。

埋もれてしまって手がかりが少ない時代や場所はいくらでもあるのですから。

ただし、すべてを残すには手間がかかることなので、余裕があるときにしかできないのかもしれません。

記録することの有用性

将棋の世界においても、きっちりと残っているのは昭和四〇年代以降で、それ以前は大きな対局は残っていますが、全部は揃っていません。

今考えるともったいない感じもしますが、当時の時代背景を考えれば、仕方のないことかもしれません。

映像の世界においても、ビデオテープが高価な時代にはとてもすべてを残すことができなかったという話を聞いたことがあります。テープでも紙でも、一つでは大したことはないのですが、量が多くなると保管場所に困ることになります。

それは個人においてもそうで、デジタルの時代になって助かった点のひとつです。

デビューをした当時は青焼きコピーの時代だったので、現在はだいぶ劣化してきており、考古学的な感覚で眺めていたりします。

セピア色の写真が時代を象徴するということは今後、なくなるかもしれません。いずれにせよ、デジタルの時代に入ってたくさんのジャンルの膨大な情報を後世に残すことが可能になりました。

そして今後、歴史小説は書きにくくなるだろうとも思っています。

なぜなら、解らなければいくらでも想像をふくらませて書くことができますが、あまりに資料が残っていると、その余地が小さくなってしまうからです。

——たった一つの〝歩〟が勝負を決める理由

〝一歩千金《いっぷせんきん》〟が示すもの

将棋の格言の一つに〝一歩千金〟という言葉があります。

一つの歩が、千金の値になる、勝負を決めてしまうという意味です。

一番働きの小さい、一つしか進めない歩なのですが、大きな役割があります。

持ち駒に歩がないことを〝歩切れ〟というのですが、プロはこの歩切れをとても嫌います。それだけ歩が必要なケースが多いのです。

また、歩が成ると金と同じ働きになるのですが、〝と金〟(成った歩のこと)は金より価値が高いのです。

それは相手に取られたときに、金は金として渡りますが、〝と金〟はまた歩に戻ってしまうからです。

そして、飛とか角とか大きな駒を落として指すと、力の差があれば良い勝負になります。

これは上手《うわて》が〝と金〟を作って戦力を補《おぎな》っているからです。

〝と金〟が二つもできれば大駒一つ分ぐらいの価値はあると思います。

〝わらしべ長者〟という話がありますが、歩が〝と金〟になるのはそれがぴったりです。

また、守るときも歩はとても重要です。

禁じ手〝打ち歩詰め〟

金や銀が守りの要《かなめ》の駒で、人体でいえば骨や筋肉のようなものです。

そして、歩は皮膚に該当します。

どんなに骨や筋肉が強くても、皮膚がはがれていたのでは丈夫とは言えません。

ですから、将棋の守りについても同様で、歩がいない囲いは実に脆弱《ぜいじゃく》なのです。

さらに、〝手筋《てすじ》〟と言われるテクニックがあるのですが、すべての駒に手筋はありますが、一番たくさんの手筋があるのが、歩です。

歩を上手に使いこなせることが、そのまま上達につながると言えます。

将棋は四〇枚の駒を使いますが、高価な駒になると四一枚か四二枚、入っています。

これは〝余り歩〟と呼ばれているもので、もし万一、歩が紛失してしまったときの予備として入っています。

また、対局後は、必ず四〇枚の駒があるかどうかを数えてからしまう習慣があります。

一枚の駒でも失くしてしまうと対局ができなくなってしまいますし、丁寧に片づけることが一つの違いに気がつきやすくなると思っています。

プロの対局では、歩の一路の差が結果を左右することは日常茶飯事です。

その小さな違いに早い段階で気がつくことがとても大切なのです。

ですから、一歩を持つか持たないかについて長く考えますし、一路の差についても気を配ります。

また、最初、歩は九枚あってスタートするのですが、全体的なバランスや型についても判断します。

それから、将棋には〝打ち歩詰め〟という、歩で玉を取ってはいけない禁じ手があるのですが、接戦になると、かなり高い頻度で〝打ち歩詰め〟の変化が表われます。禁じ手で指せないのですが、指すことができれば勝ちという局面のことです。

余談になりますが、将棋の現在のルールが制定されたのは、江戸時代の初期です。

〝打ち歩詰め〟というルールができたのは、歩で玉を取る＝革命を起こす、というのを禁じた徳川幕府の暗示だったのではないかと勝手に推測しています。

そして、そのルールを作ったことによって、可能性や深みが大きく広がりました。

詰め将棋の傑作と呼ばれているものは、〝打ち歩詰め〟がテーマになっているものが多いのです。

歩をたくさん持っているということは、使われなくてもそれだけで手厚いのです。

残念でない〝あと一歩〟

企業経営で言えば、内部留保のようなものでしょうか。

例えば、持ち駒に五つ歩があれば、使う場所がなくても安心感があるのです。とても惜しいことを〝あと一歩〟という表現がありますが、残念な〝あと一歩〟と、残念でない〝あと一歩〟があると思っています。

残念な〝あと一歩〟は、ベストを尽くしてやれることはすべてやって少し足りなかった、というのがほんとうの〝あと一歩〟で、途中で一歩を浪費してしまった、一手遅れてしまったケースは、残念ではない〝あと一歩〟ではないでしょうか。

逆に、まぐれで一歩勝てる時もあります。

駄目だと思いながら駒を進めていたら偶然、一歩、先んじることができたケースです。

これは幸運だったと言えます。

ほんとうはしっかり、きっちり読み切って、ぎりぎりのところを見切るのが理想ですが、毎回、それをするのはかなり大変です。

しかし、一歩を大切にする、一手を大切にする、一路の違いを大切にすることを心がけていれば、少しずつできるようになるのではないでしょうか。

そして、幸運についても同様なのではないかと思っています。

――他者との違いから独自の魅力を知る

独自の型で進化した将棋

将棋の発祥は、古代インドの二人で行う〝チャトランガ〟双六《すごろく》から始まったと言われています。

言い伝えでは、とても戦争が好きな王様がいて、家臣の人々はとても困っていたので、一計を案じ、ゲームを作ってそこで王様に遊んでもらったそうです。

戦争にまつわるものが駒になっているのは珍しくなく、チェスのルークは移動式の戦車のことですし、中国象棋（シャンチー）には馬という駒があり、昔の戦争では馬は欠くことのできない存在です。

そして、中国の戦争では、必ず馬の足に紐のようなものを縛《しば》る習慣があり、シャンチーのルールでは、足を縛られた方向には馬を進めることはできません。

アジアには一国に一つ、その国の将棋があると言っても過言ではありません。インドにはシャトランジと呼ばれるものもありますし、タイにはマックルック、朝鮮にはチャンギ、モンゴル、ミャンマーにも独自の将棋があると聞いたことがあります。

さまざまなものが入り混ざって存在をする、極めて東洋的だと思っています。私はルールを教わって少し指したことがあるのですが、日本の将棋と近いと思ったのは、タイのマックルックとミャンマーの将棋です。

しかし、類似をしていると言えるほど近くはなく、ボードゲームのカテゴリーとして見たときには、日本の将棋は同じグループに入るものはなく、アジアでも明らかに異質な存在です。

これは日本語がグループとして共通のものが見つからないこととも共通しているのかもしれません。

島国であることが、やはり大きな影響を与えているのでしょう。

現在の携帯電話の発展も日本は独自の型で進んでいるのを見ると、善し悪しは別にして〝ガラパゴス〟的なのでしょう。

序盤から激しい戦いになりやすいチェス

また、取った駒を再使用するのは、日本の将棋だけです。

最近は環境保護の機運が高まってリサイクルが促進されていますが、将棋の駒もリサイクル的発想となります。

ですから、同じ色の駒で対戦するのも日本の将棋だけです。

チェスなら白と黒、朝鮮将棋（チャンギ）なら赤と青のように、通常は色分けされます。

よく、将棋は取った駒を使うので最後まで可能性が小さくならず、ほかの将棋より難しいという話を聞くのですが、私はどちらも難しいとしか言いようがないと思っています。

駒の数が少なくなってからの複雑な局面は、どんなタイプの将棋にも必ずあります。

例えば、チェスの終盤戦においては、盤上に残りわずか五枚になってから終わるまでに一〇〇手以上かかるような局面も存在しています。

西洋のほうでは、チェスが統一されているようです。

将棋の9×9より一マス小さい8×8のマス目で行われるのですが、将棋よりもさらに激しい局地戦になりやすいゲームです。なぜなら、将棋の大駒は二枚ずつですが、チェスの場合は四枚ずつにクイーンまであるので、戦力の強さで言えば、4倍から5倍の戦力を持っています。

それを六十四マスしかないところで動かすのですから、序盤から激しい戦いになりやすいのです。

これは、アジアと比較したら、狭いヨーロッパの列強がひしめく中で戦いが繰り広げられ、歴史が築かれてきたところと重なり合うものがあります。

比較して浮かび上がる将棋の魅力

また、チェスの場合、GM(グランドマスター、将棋でいうプロレベル)同士の強豪の対局では、四割ぐらいは引き分けになります。

しかし、最後までやってドローになるわけではなく、話し合いによってドローが成立しているのです。プレーヤーは自分の駒を動かして相手の手番になった瞬間にいつでもドロー・オファー（引き分けの提案）ができます。そのままゲームを続行してもいいですし、握手をしてドローにしてもいいのです。

このルールを知ったときには、西洋では戦いを一時的にしていない状態を平和＝ドローというのだと解釈しました。

将棋では引き分けはとても少なく、全体でも五パーセントにも満たないでしょう。

ですから、引き分けの提案をするというのも滅多にありません。

勝負事だけを言えば、はっきり決着をつけないと落ち着かないところもあります。

同じボードゲームでも西洋と東洋では違っているところがあり、それを知ってから、将棋の魅力やユニークさがより解った気がしています。

――大きな変化を受け入れられるか

大きく変わった将棋の内容

オバマ米国大統領は「CHANGE」を大きな標語に掲げて大統領選で熱狂的な支持を集め、当選を果たしました。

そして現在、到るところで、変化は必要だ、変化をしなければならないと言われています。

しかし、いざ具体的に何をどのような方法で変えていくのか、その段階になると戸惑ってしまったり、立ち止まってしまったりするケースも多いように見えます。

〝万物は流転する〟という言葉のように、常に変化はあり続けているはずですが、方向性が定まらない変化は不安がつきものです。

一方で〝不易流行〟という言葉もあります。時代が変わろうとも環境が変わろうとも変わっていないものもあります。

海底に沈む岩のようなもので、海面近くではいろいろなものが動いていたり、流されていたりしますが、岩はほとんど動きません。

将棋のルールは約四〇〇年前に現在の型となり、そこからほとんど変わっていません。また、家元制度の中で生まれた大橋流、伊藤流という駒の並べ方についてもまったく変わっていません。

着物を着て盤の前に座って一礼をしてから対局を始める風景は、ほとんど変わっていないと思われます。

大阪にある関西将棋会館の対局室は、江戸時代の対局場所を復元した施設としても使われているくらいです。

表面的にはまったく変化はないのですが、内容については大きく変わりました。

江戸時代は、歩が横一線に並ぶような秩序立った型が好まれ、何よりも投了した終局図が美しくなければならないという美学が色濃く反映されているときでした。

大変化を実行した巨人IBM

近代に入ると、盤上の中央を手厚くしてラグビーのスクラムを組み合うような展開がとても多くなりました。

戦後はスピード感のある型が好まれるようになり、現代は面白ければ何でもやってみるアバンギャルドな型がたくさん現れるようになりました。

もし、江戸時代の人が現代の将棋を見たら怒り出すのではないかと想像します。〝こんなのはほんとうの将棋ではない〟と。

ただ、適当に変化が続いたのではなく、後から振り返ってみると、必然性があって変わっているのです。

そして、必要もあり、必然性もある変化をどのように行っていくかですが、一つの方法は、一歩ずつ動いてある一定の時間が経過したときに大きな変化をしているやり方です。

急に一八〇度、方向転換をしてしまうと反動も大きいですし、リスクも大きく、順応する時間もないので、一日に少しずつ、そして止まらずに変化をし続け、三年経過したら以前とはまったく異なる立ち位置にいるアプローチです。

ＩＢＭはかつてはコンピューターを売る会社というイメージがありましたが、現在はサービスを売る会社に移行しています。

大きな組織ほど大きな変化を実行するのは難しいものですが、ＩＢＭは易々と成し遂《と》げてしまった印象があります。

そこが巨人の巨人たる所以《ゆえん》なのでしょう。

変化の過程をも楽しむ

小さな組織はフットワークも軽いので、変化を行うのも難しくはないでしょう。

しかし、一番簡単なのは、個人の変化です。小さな組織よりさらに小さいのですから、比較になりません。

ただし、人間には安全でいたい、安心をしたいという本能があるので、何もしないと変化はしなくなります。

変化を続けるためには、かなり意図的に行わなければならないようです。自分のことを振り返ってみても、自発的というよりは外側の環境が変わってしまったので、やむを得ず変化をしたケースのほうが多い気がします。

今から一〇年ぐらい前に、それまで見たこともない作戦が流行し始めました。なぜ、流行しているかも解らなかったのですが、対戦をする機会が増え、その対策に悩まされました。

その作戦の前では、それまで自分が研究をして覚えてきた定跡の知識は、まったく役に立たないのです。

あの研究に費やした時間と労力は何だったのかと思ったのですが、ともあれ対応をしないといけないので、新しい型も自分なりに調べてみました。すると、少しずつその作戦の優秀性が解ってきましたし、自分がいかに下手な対策で対応をしていたのかも解ってきました。もし、外的な環境が穏やかだったら、自分のスタイルも変わっていない気もします。

どうせ変わらなくてはならないのだったら、その過程も楽しむようになりたいものです。

これは典型的な〝言うは易し、行うは難し〟ですが……。

――複数の視点や基準があれば、燃え尽きずにすむ

打ち込み過ぎたあとの反動

燃え尽き症候群と呼ばれているものがあります。

何かに集中して取り組んでいて達成をしたとき、情熱的に継続をしていても、あまりにハードなのであるときに突然、やる気がなくなってしまうケースなどが挙げられます。

少ない人数で最大限の成果を求められることも多い現代の仕事環境の中では、誰でも気をつけなくてはいけないかもしれません。

アスリートの人に、例えばオリンピックでメダルを獲得した後には、程度は別にして起こることではないかと思っています。

それまで想像を絶する練習を重ねてきて一区切りついたわけですから自然なこ

とではないでしょうか。

また、受験のために一生懸命に勉強をして、試験が終わった後にも起こりやすいような気もします。どちらも通常ではできないくらいに努力をした後に起こっています。

必要に迫られてという面はもちろんありますが、無理をした後には反動がやってくる気がします。

将棋の世界も同様で、あまりに打ち込み過ぎると、必ずと言っていいくらいに反動が来て、集中の強弱の波が起きます。

短い期間の中で活動をするならば集中的にやったほうがいいと思いますが、将棋という一〇代の人から七〇代の人までいる世界においては、いかに無理なく続けられるかが大切なのではないかと考えています。

結果だけにこだわらない

マラソンの選手を見てすごいと思うのは、早く走れることもあるのですが、一キロを三分三〇秒とか正確なラップを刻み続けることができる点ではないでしょうか。

二キロや三キロならわかりますが、何十キロもほぼ同じようなタイムで走るには、特別な練習があるのではないかと思っています。また、そのためには、きちんとした休息が必要なのではないでしょうか。

しっかりと休んで回復しておかないと疲労が蓄積されていき、燃え尽きてしまう結果につながります。

そうならないためには肉体的にも精神的にも両面でのケアが必要だと思っています。

肉体的なほうはある意味、解りやすいので、現在がどんなコンディションであるかは認識しやすいのではないでしょうか。

逆に、精神的なストレスを感じることはできても、程度は解りにくいものです。

また、ストレス発散は、肉体的には負担をかける傾向があります。

そして、健康的な生活はストレスを溜めることもあります。

長く継続をしていくには、上手に息抜きをする方法を考えておくことではないでしょうか。

また、それはたくさんの基準を持っていることだと思います。

例えば、結果だけにこだわらないのも、その一つだと考えています。

結果がすべてと考えてしまうと、うまくいかなかったときには自然と落ち込んでしまい、ストレスも感じます。

特に、ゼロサムゲームと呼ばれているジャンルにおいては、どうやっても結果は半分、半分にしかなりません。

しかし、内容も基準にすれば、うまくいったとしても結果の評価とは異なることもありますし、今日は成果が上がらないという場合でも内容的には十分ということも考えられます。

誰にも襲う虚無感

また、違った視点から見れば、受け止め方も変わります。

例えば、私は棋士として勝負の世界で活動をしていますが、そのことについて何の関心も持たない人たちもたくさんいます。

つまり、私が勝とうが負けようがタイトルを増やそうが減らそうが、どんな内容の将棋を指そうがまったく関心はありません。

そして、自分には何の影響もないということです。

これは明らかな事実ですから、その視点から見れば、すべてはどうでもいいこととなります。だからと言って、いい加減にしてもいいというわけではないですし、結果的に何らかの影響を与えてしまう人もいるのも事実です。

複数の視点や基準があれば、燃え尽きる理由はとても少なくなると思っています。

もう一つ、このテーマでよく現れるのが、虚無感です。

何をやっても虚しいとか、目的が見えないときなどに使いますが、それを感じることはごく普通なのではないでしょうか。

例えば、古代文明の遺跡などを見れば、いかに何も残らないかがよく解ります。

残っていたとしても破片やかけらで、何のために使われたか不明というのも珍しくありません。虚無感を感じたから劣っているとか怠けていることにはならないのではないでしょうか。

――体感するからこそ旅は楽しい

旅で与えられた感動

一年のうち三分の一を遠征する生活を、かれこれ二〇年以上続けています。北は北海道から南は九州、沖縄まで、四七都道府県のすべてに行ったことになります。

対局で行くことがほとんどなので、ゆっくり観光をすることは極めて稀《まれ》ですが、各地に印象的な素晴らしい場所があります。北海道の稚内《わっかない》で食べたカニ、ウニは絶品でしたし、沖縄の美しい海で一〇月に泳げたのも感動的でした。

今は交通機関が非常に発達して遠い場所でも短時間で行けるようになりましたし、ビジネスとしてはかなりの場所が日帰りの範囲に入っています。

また、荷物を送るにしてもほとんどの場所が一日で届きます。

一世代前まではこんなことは考えられなかったので、今の時代は大きな恩恵を受けていると思っています。

海外にしても国内よりは大変ですが、それでも以前とは比較にならないくらいに簡単に行けるようになりましたし、オプションも実に豊富になりました。

詳しい人は手軽にリーズナブルに行く方法をよく知っています。

そして、ガイドブックや地図、現地の情報なども手に入れるのは難しくありません。

年末年始やゴールデンウィーク、夏休みなどに大挙して出かけるのも納得ができます。一〇代のときに若手棋士六、七人で九州一周、四国一周の旅に行ったこともありました。

どちらも実はとても広い場所なので全部は見ることはできなかったのですが、今となっては良い思い出です。

地図を片手の〝小さな旅〟

地図で見るのと実際に行くのでは、やはり大きな違いがあります。電車がホームから発車して動き出しているにもかかわらず、走っていくと停まってくれて間に合ったこともありました。

知らない世界を知って大きな刺激を受けるのが旅の意義だと思っています。頻繁《ひんぱん》に旅に出るのは難しいことですが、日常でも小さな旅はできるのではないかとも考えています。

取材を受けるときに地図をもらってその場所へ行くのも小さな旅だと思っています。

私が方向音痴だけなのかもしれませんが、目印を見つけながら現地を探すのは結構、楽しいものです。

城下町は複雑な街並みで定評がありますが、東京でも行くのが難しい場所もあります。

なぜなら、東京は坂が多いので（地名に坂がついている場所も多い）、平面的な地図では理解しづらいのです。

また、自分が住んでいる場所についても、よく行く場所以外は、意外にまったく知らないものです。

灯台下暗しとは上手な表現だと思います。

将棋の局面においても密集型で簡単そうに見える局面が、実は多岐にわたる変化を含んでいることはよくあります。

広さと複雑さは必ずしも相関関係があるものではないと考えています。

知ることと体感することの大きな違い

以前、六本木のある場所で取材を受けたことがあったのですが、地図を送ってもらったにもかかわらず、どうしてもたどり着けないことがありました。

時間的には余裕があったので、最初は油断をしていたのですが、徐々に間に合うかどうか焦ってきました。

どうやっても解らないので、はっきりと解る場所を起点にし、そこから再スタートして、やっとたどり着きました。

〝急がば回れ〟とは、このことなのかと思いました。

そして、着いてみると、何でこんな簡単なことが解らなかったのだろうとも思いました。

これが知ることと体感することとの、一番の大きな違いではないでしょうか。

知っていることと使いこなすことは必ずしもイコールではなく、体感することによって初めて理解すると考えています。

ですから、旅をすることは、そのすべてが体感することになるので、知っていることに大きな理解が加わるのではないでしょうか。

昔、寺山修二の『書を捨てよ、街に出よう』という本がありましたが（これが本として出るというパラドックスはありますが）、まさにこのことを言っているような気がします。

現在は３Ｄが一般化しつつあり、バーチャルリアリティーの技術も大きな進歩を遂げています。

もしかすると、その中でさまざまなことを体感できるような時代がくるかもしれません。

それを可能にするか否かは、不確実性と変則性をどれだけ多く取り入れて、システムを維持させるかだと思っています。

――実現可能な小さな目標をたくさん作る

目標と志の違い

インタビューを受けたときによく聞かれる質問に、

「今後の目標は何でしょうか？」

があります。そしていつも返答に考え込んでしまいます。

というのも、自分ではほとんどと言ってもよいくらいに目標は作らないのです。

確かに目標があれば、そこに向かって前進するという行動が明確になり、迷いも少なくなると思います。

しかし、その目標を達成しなければならないと雁字搦《がんじがら》めになってしまうケースもあります。

また、目標を設定してしまうと同時に限界を設定している場合もあります。

つまり、本来はもっと前に進めるのに、目標を達成してしまったことに満足して、そこで止まってしまうわけです。

そして、目標は自発的ではないところから生まれていることも多いようです。

例えば、組織としての目標とか、周囲に影響されて目標を作る……などです。

そのような形でスタートしたものは、大きな原動力にはなりにくいのではないでしょうか。

ほんとうに納得をしてこれを成し遂げたいと思ったときの目標は素晴らしいと思いますし、実現する可能性を大きく広げることになる気がしています。

ただし、これは言葉としては目標というよりも志に近いのではないかと解釈しています。

小さな目標にバリエーションをつける

また、似た言葉としては〝ヴィジョン〟があります。

こちらは視覚的、感覚的、抽象的で、聞き手に対して拘束力が小さいような印象です。

また、遠い未来のことを想定しているケースも多く、自分が当事者となるとは思えない傾向があります。

例えば、キング牧師の語った「I have a dream」の演説は、時代を超えて共感できる歴史に残るヴィジョンだと思います。そんな話を聞いたときには、これは素晴らしいヴィジョンだ。しかし、実現をするのは何世代も先の話で、その場所には自分はいない、と思う人が多いのではないでしょうか。

実際にはどうなるかはまったく解らないですが、その過程が見えないと現実として受け入れにくい傾向は確かにあると思います。

そして、だからこそ少しずつ自然にヴィジョンに向かう面もありそうです。

将棋の局面でも、何となく終わりの型を想像することはあります。

具体的な手順は解らないですし、なぜ、その型になるのかも解らないのですが、今までの経験則としてイメージをします。

また、近い局面について解るときもあります。

端を攻め破ることができそうとか、８筋は受けても被害が大きくなるだけ……などです。

遠くない未来に対して目標のようなものを作って考えるケースは確かにあります。

ただし、予想外の一手を指されて、その目標の修正を余儀なくさせられるケースもあります。

モチベーションを維持していくためには、実現が可能な目標を少しずつたくさん達成していくのがよいのではないでしょうか。

もうすぐ到達しそうというときは、やる気はグンと上がるものです。

ただし、似たような目標設定ばかりにしてしまうと上がらなくなります。

ですから、バリエーションをつけた小さな目標のほうが継続はしやすいと考えています。

壁もハードルに変えられる

子どものころのことですが、アマチュアの初段になったときに、足付きの将棋盤を両親から買ってもらったことがあります。

「段」が取れた記念としてだったのですが、目標を一つ達成した喜びもあり、とても印象的な出来事でした。

特に小さいときには何でもいいので、ハードルを越えていく経験が大切だと思っています。

竹馬に乗れた、難しい漢字が書けた、楽器が弾《ひ》けるようになった……という体験の積み重ねが次のハードルを越えていく勇気につながるのではないでしょうか。

それはスポンジのように何でも吸収できる時機でもありますし、どんな目標に取り組むにしても達成がしやすい時機でもあります。

年を重ねると徐々にハードルの高さも上がっていき、飛び越えるのも大変になっていきます。

それでもハードルの高さを認識することができれば、かなり気軽になりますし、ハードルではなく壁であるという識別も可能になるのではないでしょうか。

上手に目標を設定をすれば、壁もハードルに変えられます。

そして、これは身の丈を知ることにもつながる話なのです。

――乗った波に乗り続けるために

呑《の》み込まれず波に乗る

サーフィンをしている人の映像などを見ると、よくこんな大きな波に乗ることができるなと思ったりします。

波の合間に滑るように乗っていて、完全に波と調和が取れていることがよく解ります。

どんな世界にも波はあります。

上昇の時期、下降の時期、停滞の時期、海の波のような自然にある波もありますし、マーケットのような人為的な波ができる場所もあります。

法則性や規則性を見つけるのは簡単ではないですが、変化をし続ける中で、そこには大雑把《おおざっぱ》な周期性が存在するのではないでしょうか。

よく衰退してしまった世界のことを〝時代の波に呑まれた〟という表現をします。

時代の波とは抽象的な表現ですが、かなり大きな現実的な問題です。

早くにそれが解れば、いくらでも手を打つことはできますし、呑み込まれるのを防ぐだけでなく、逆にその波に乗ることも可能になるのではないでしょうか。

将棋の世界にも作戦の流行というものがあります。

ファッションの世界のように、現在では季節ごとに変わっていくような感覚です。

その中に昔からずっと指され続けている作戦に「矢倉《やぐら》」というのがあります。

無用の長物になったある定跡

以前は〝矢倉は将棋の純文学〟と言われ、本格的、本筋、王道の代名詞のように言われていました。

私が一〇代の前半のときに、その矢倉で〝飛先不突《ひさきふつ》き〟というタイプが生まれました。

多くの入門書には、大駒の飛を活用するためにはまず飛の前の歩を動かしましょう、と最初に書いてあります。

しかし、飛先不突きは、その一手は保留して後回しにするのです。

そして、時には最後までその歩を突かなかったりします。

ちょうど自分が将棋のプロを目指した時期に、飛先不突きの大きな波がやってきていたのです。

それまでは、本に書いてあった通りに飛先を突いて自分は指していたのですが、相手からその作戦を指される機会が増え、作戦負けになることが多かったのです。

そして、少しずつその優秀性に気がついて自分も指し始めることになりました。

そうなって初めて同じ土俵の上で戦えるようになった記憶があります。

ただし、残念だったのは、今までの飛先の歩を突く型の知識や情報をほとんど捨てなければならなかったことです。

その定跡は、飛先不突きの時代に入ってしまうと、無用の長物だったわけです。

あの費やした長い時間と労力は一体、何だったのだろうという思いは当然ながらありましたが、何かを捨てないと時代の波には上手に乗れない面もあるようです。

しかし、そのときの経験がまったくの無駄であるとは思っていません。確かに知識としては使えないかもしれませんが、次のテーマを習得するときの方法論としては、とても役に立つはずです。

つまり、以前にこんな方法で挑戦をして、とても大きな遠回りをしてしまったので、今回はそれは選ばない、などです。

サーファーの目で波を見切る

また、無駄とも思える積み上げがあったからこそ、次の波に乗れたという面もあります。

そして、波に乗り続けるのも恐れが伴うものです。

例えば、宝くじを買って一等に当選したと仮定します。

始めは大部分の人が大喜びすると思います。

しかし、二回目、三回目と当たり続けたらどうでしょうか。

現実にはそんな人はいないでしょうが、きっとだんだんと恐くなってくるはずです。

ほんとうに現実なのだろうか、とか、逆に何か悪いことが起こらないだろうか、とか、あるいは周囲から何か操作をして当てているのではないかと疑われるかもしれません。

そして、そう思ってしまったら、実際に波から降りてしまったことになるのでしょう。

私が一〇代の後半のころは、バブル経済の絶頂期でした。

これも一つの大きな時代の波であったと思っていますが、数は少ないですが、最初からその波にまったく乗らなかった人、バブルが弾けるのを察知して早めに手を引いた人もいると思っています。

才覚と言ってしまえばそれまでの話ですが、波そのものが消えることはないのですから、自分なりに対処しなければ、と思っています。

それは波の高さ、質、長さを予想するところから始まります。まさにサーファーが波乗りをするように。

5章――「未知の局面」にどう適応するか

――自分の個性を発揮する際の問題点

個性をどのように活かすか

個性を表わすとは、どういうことなのでしょうか。

自分のオリジナルのものを見つけ出すのは、実は簡単なことではないと思っています。

なぜなら、人格や性格を形成していくときには、誰かから教わったり、周囲の影響を大きく受けながら成長していくので、それらの集合体としては個性となるかもしれませんが、部分、部分を見てしまうと過去にすでにあるものに思えてしまいます。

しかし、十人十色という言葉があるように、明らかに違いがあり、カラーが異なります。

部分部分はそれほど、大きな違いはないのに、個性がきちんと生まれるところに不思議さを感じています。

それぞれの持っている個性をどのように活かしていくかは、いつの時代でも大変なテーマになっています。

あまりに個性を強く出し過ぎてしまうと、組織としてまとまりがつかなくなりますし、あまりに規則で雁字搦《がんじがら》めにしてしまうと個性を活かす場所もなくなり、全体としての活力も失われてしまいます。

将棋の世界も定跡の研究が進んでからは、個性を発揮するのは以前よりずっと難易度が上がっています。

なぜなら、定跡という決められた道をはずそうとすると、不利な局面になるケースがとても多いからです。

そうすると同じ道を行くことになり、個性を発揮しにくくなるのです。

流行に個性をアジャストする

また、個性の強いスペシャリストの人は、相手から研究されやすい面もあります。

一人のアイディアで何十人、何百人の対策に対抗するのは簡単ではありません。組織においても、個性を活かしつつ、必要とされる人材の鋳型《いがた》にはめていくアプローチも考えられます。

完全にぴったりとはいかないでしょうが、それに近ければ全体としては正常に機能するわけです。

将棋の世界でも、似たようなことは起こっているのです。

つまり、定跡の流行という鋳型にある程度合わせることをしないと、個性を発揮するのは難しい状況なのです。

言葉を変えれば、個性を出すのではなくて、流行と個性をアジャストして能力を発揮するというところでしょうか。

将棋には八種類の駒があり、それぞれに特性があります。

それを深く知ることが上達にもつながっていきます。

しかし、実戦においては、一つの駒の特性を知っているだけでは、ほとんど役に立ちません。

実際には、いくつかの種類の駒を使ってコンビネーションを作ることが、考えることの大部分になるからです。

例えば、飛と香を持ったら端から攻めやすいとか、金と銀を持てば守りを補強しやすいなどの、たくさんの組み合わせがあります。

つまり、場所とタイミングを選べば、大きな相乗効果が期待できます。

将棋では、そんなテクニックのことを、〝手筋《てすじ》〟と呼ぶのですが、これは数が解らないくらいにたくさんあります。

その膨大な手筋の中から、そのときにもっとも適切なコンビネーションを探して、次の一手を選択しているわけです。

個性の打ち消し合いを避ける

逆に、干渉し合って上手にいかないケースもあります。

前に述べましたが、〝玉飛、接近すべからず〟という格言があるのですが、玉も飛もどちらもとても強い駒なので、近くに置いてはいけないという意味です。力を発揮したくても、自分の駒が邪魔をしてしまうのです。

組織の場合においても、あまりに力の強い人、個性の強い人がそばにいると、うまく機能しないケースがあります。

どちらが悪いということではなく、距離を置けば解決したりもします。

自分の個性を発揮するために他の人の個性を削《そ》いでしまっては本末転倒なので、相乗効果のある型にしたいものです。

ですから、個性を活かすと聞くと、極めて個人的な問題ととらえがちなのですが、実はかなり全体的な問題ではないでしょうか。

規律を重んじ、厳しく統括すれば、統率が取れて成長していくと思います。

しかし、それで終わりではなく、自発的なコンビネーションが生まれると、さらに大きな発展を遂げると考えています。

そして、結果としても個性が活きることになるのではないでしょうか。

どんな状況、どんな場面なら自分の持っている個性を活かすことができるのか、それを常に意識しながら選択するのが個性を活かす方法だと思っています。

——自分なりの美学を持つということ

詰将棋の芸術的な手順

一〇代の頃は、江戸時代の天才、伊藤看寿《いとうかんじゅ》と伊藤宗看《いとうそうかん》の詰将棋をよく解いていました。

それぞれ一〇〇題ずつの計二〇〇題あるのですが、簡単な問題は一つもありません。

米長邦雄《よねながくにお》永世棋聖の、

「この詰将棋をすべて解くことができたら、四段になることができる」

という言葉に大きな影響を受けて、電車の移動のときなどに考えていました。

長いものでは六〇〇手以上も詰め上がるまでかかったり、三九枚の配置から最後は三枚になって詰め上がる〝煙詰め〟まで、さまざまなバリエーションの問題があります。

とにかく難しいのが多いので、一日に一題解ければいいくらいです。

途中で嫌になってしまってやめてしまった時期もありました。

結局、七年くらいかかって最後までたどり着いたのですが、続けられた一番の大きい要因は、その手順の美しさでした。

こんな芸術的な手順を不備なしに表現ができるのかと、一題一題、感動しながら解いていました。

単に難しいだけの問題でしたら間違いなく途中でやめていたと思います。

解いていくプロセスの中で、いかに精密にできているかがよく解ります。

〝散る桜、残るも桜、散る桜〟

江戸時代は太平の世となってさまざまな文化が発展した時期でもあり、詰将棋は間違いなくその一つに入ると考えています。

問題を解いていくうちに手順を考えるのではなく、芸術性の高い表現を探すようになっていきました。

無粋《ぶすい》な手順での詰め上がりはほとんどないので、そのほうが早く解けるのです。江戸時代に残っている棋譜は、対局においても芸術的に終わっているものが多いです。

勝負を争っているのではなく、お互いに協力をして感動的な詰め上がりに誘導しているような印象すら受けます。

ですから、微差でも形勢に差がつくと、後は流れるように終局に向かっていき、実に淡白といえます。

現代の実戦ならば、さまざまな粘りのテクニックを使うような場面も、簡単に見過ごしていたりします。

未練がましく粘るのはよくないという風潮が当時には根強くあったのでしょう。潔さを何よりも重んじる美学をそこには強く感じます。

〝散る桜、残るも桜、散る桜〟

春の桜のお花見が好まれるのは、程度は別にして、その傾向は現代でも残っていると考えています。

勝負と美学は共存できるか

また、〝形作り〟、と呼ばれている作業もあります。これは決着は事実上ついているので、区切りのよい場面で投了をするための手順をいいます。

ですから、差がついてしまったときには、勝つ手を探すより、美しい投了図を探していたりすることもあります。

現代将棋はシビアですから、形作りよりもチャンスのある手を選ぶこともありますが、時には、それが両立することがあります。

つまり、形作りの手順に入っているのに、そこでしっかり決めないと逆転されてしまうこともあるのです。

勝負と美学が共存できるかは難しいテーマだと思います。

いつもスマートな選択、場面になるわけではないですし、時には泥臭い、ゆがんだ型の手を指さないといけない場面もあります。

美しさは繊細であったり、脆《もろ》さであったりすることもあります。

将棋の世界には、〝筋の良い手〟、という言い方があります。

これは、美しい手が指せるということです。

当然ながら筋の良い手が指せなければプロになることはできません。

ですから、センスの問題はとても大切であったりするのです。

ただし、美しさの基準は変わります。

以前は美しいと評価されなかった型でも、現代では良い型と呼ばれることもあります。

古典芸術もモダンアートも同じ美しさを表現していますが、表現方法が変わっているだけという点で共通しているのかもしれません。

――変化し続ける状況に、いかに適応するか

〝ケーススタディ〟のメリット

将棋の対局では、最初から最後まで同じ進行だった棋譜はまずありません。

どんなにデータが増えたとしても、定跡の研究が進んだとしても、今後もそのようなことが起こることはまずないと思います。

ですから、あるところからは前例から離れて、そこから自力で局面を打開していくことになります。

早いときは序盤の一〇手ぐらいから、遅くても中盤の五〇手ぐらいからは完全に未知な状況になるわけです。

ですので、局面に素早く順応して適応する力が常に求められます。

と言っても、その効果的な練習方法というのは、よく解ってはいません。

ある局面について調べたとしても、その局面が自分の実戦に現れることは皆無に等しいからです。

ビジネススクールの授業の中に、ケーススタディというのがあります。

さまざまな企業の事例を挙げて、そこからディスカッションをして次の戦略を導き出していくメソッドです。

たくさんのケーススタディを行えば、実際の現場に出たときに類似したケースを見つけたり、ヒントを探しやすいメリットはあると思います。

実戦の後、検証しているか

将棋の定跡の研究もかなり近いところはあって、同じ局面にはならなくても、同じ戦型であれば適応力は上がるのではないかと考えています。

それは理論の構築に共通するものがあるのかもしれませんし、急所やポイントを押さえられるからかもしれません。

また、実際の実戦も、適応力を上げる有効な方法なのでしょう。

まずは形勢が有利なのか不利なのか、現状を正確に判断しなければなりません
し、そこから何に重点を置いて考えるのかも判断しなければなりません。

例えば、駒の損得がもっとも大切な場面もありますし、駒の効率が重要な場面
もあり、何よりもスピード重視の局面もあります。

一手ずつ局面は変化していくので、その状況に合わせた適応が必要となります。

しかし、実戦だけをやっても大きな効果を上げるとは思いません。

終わった後に、きちんと検証をすることが鍵だと考えています。

どの手が良い手で、どの手が悪い手だったのか、局面、局面でほんとうに適応
できていたのかを振り返ります。

時には適応がまったくできていなかったが、偶然にも正しい手が指せたという
ようなケースもあります。

ただし、検証は一区切りついてからのほうがよいと思います。

まだ結果が出ていないのに、どうこう検証をするよりは、今ある局面をなんと
かしようと考えるほうがはるかに有意義です。

検証はすればするほど、そこに適応するのがいかに大変なことかがよく解ります。

なぜなら、人は順応した場所にいたいという本能に近い感覚があるからです。何も好き好んで順応していない場所で適応したいと思うのは、圧倒的な少数派だと思っています。

眠っている〝野性の勘〟を磨く

子どものころからずっと将棋を続けてきましたが、それでも初めて見る局面でパッと解ることは少ないのです。

例えば、アマチュアの人の対局の中でも、判断が難しい局面というのは確かに存在しています。

駒が込み入った混戦・乱戦などは、特にその傾向が強いのです。

上達していくことは自分の中で不確定要素を上手に消していくことでもあり、だから、正確に判断が下せるとも言えるのです。

どうしたらよいか解らないときに、もっとも大切だと思っているのは〝野性の勘〟です。

本来は生まれながらにして持っている天与《てんよ》のものだと思うのですが、都市化され整備された街の中で生活をしていくうちに使わなくなってしまい、衰えてしまったのではないでしょうか。

以前に対談をして本も出版した海洋冒険家の白石康次郎《しらいしこうじろう》さんは、大海原の中で野性の勘を磨いていますし、麻雀の世界で長年にわたって無敗を誇っている桜井《さくらい》章一《しょういち》さんも、ほかの人には知ることもできない鋭《するど》い野性の勘《かん》を持っているように思えます。

野性の勘を急激に上げるのは大変かもしれませんが、何かに適応しなければならないときには必要不可欠です。

ジャングルに行ってサバイバルをするというような過激なことをしなくても、日々の生活に少しずつ変化をつけていけば、その訓練になるのではないでしょうか。

そして、適応力が上がれば世界が広がって楽しいはずです。

――進歩し続けているか否かの判断基準

一気の上達がいかに危険か

進歩について考えてみると、覚えて間もないころは、右肩上がりの傾向がありそうです。

基礎は簡単なものから始めるものですし、それを習得すれば自然とレベルは上がるようになっています。

そして、基礎をマスターしてからは横ばいになることもあるようです。

それだけでは進歩・発展が止まってしまうので、今度は応用が必要となるわけです。

それをマスターすると右肩上がりになり、しばらくすると横ばいになる。

そして、ブレイク・スルーがあって再び右肩上がりになるという繰り返しではないでしょうか。

できれば横ばいの期間を短くして右肩上がりの傾斜をきつくしたいところですが、上達をすればするほど、逆になってしまうことも多いようです。

難易度が上がれば理解するのに時間がかかり、それは横ばいの期間が長くなることを意味しています。

また、傾斜についても一気にたくさん上がるのではなく、ステップごとに少しずつ上がる傾向があると思います。このプロセスは高い山の登山とも似ていて、酸素の薄い場所においては、一気に登るのはとても危険です。

高地に体を順応させながら登っていくのがセオリーです。

ですから、あまり一気に上達しようとしないほうがよいのではないでしょうか。

これは集中することとはまったく別な話だと思っています。

成果が現れるのは時間がかかるかもしれませんが、確実な上積みとなって、いつかは結果につながります。

〝大勝負に名局なし〟

勝負をするときには、自分の強みを出そうとする方法と、相手の弱点を衝く方法があるのではないかと思います。

自分の強みを出そうとすると相手の強みも出てしまうことがあるので、一般的には大きな勝負になればなるほど、相手の弱点を衝く方法が選ばれることが多いようです。

例えば、マラソンのレースでも、お互いに持ち味を消そうと牽制し合うとタイムが伸びないことがあります。

また、ほかのことでも、大きなものが懸かっていると泥試合になりやすいものです。

将棋の世界においても〝大勝負に名局なし〟という言葉があります。

しかし、進歩という観点で見てみると、このアプローチは明らかに進歩を遅らせる結果につながります。

泥試合ばかりしていて大きな発展を遂げたという話は聞いたことがありません。

また、〝奇襲〟についてですが、一回はうまくいく可能性はあります。

織田信長の桶狭間《おけはざま》の戦いのように、時には歴史を変えてしまうこともあります。

将棋の対局においても、意外な作戦を選択してうまくいくときもあります。

しかし、将棋の世界においては同じ人と何十回も対戦することが多いので、一度は成功しても次からは通用はしません。

長い目で見れば、あまり大きな意味はないのではないでしょうか。

普通にやって地力をつけていくほうが進歩のスピードが速いのではないでしょうか。

もしかすると、周囲の上達も早くなるのかもしれません。

泥試合になっても、お互いに進歩をさせても、どちらにせよ拮抗《きっこう》することに変わりはないので、それなら後者のほうを自分は選びたいと考えています。

ブレイク・スルーするための停滞

また、以前の将棋界では、研究は一人でするものというのが主流でした。対戦をするかもしれない人と一緒に研究するのは考えられないことでした。

しかし、一人で考えるよりも複数で考えたほうが明らかに早いので、現在では何人かで集まって研究をするのは当たり前になっています。

グローバルな企業の競争においても〝連合〟を組むことは珍しくありません。特に顕著なのが航空業界で、スターアライアンス、ワンワールド、スカイチームなどの大きな航空連合が、すべてを足すと市場のシェアの半分を押さえています。

こうなってくると、ある程度の規模の大きさになったら、どこかに参加しなければならない環境といえるかもしれません。

将棋の世界においても、団体で研究するようになった後のほうが、明らかに進歩のスピードが上がっていいます。

途中で停滞する時期もあるかもしれませんが、次のブレイク・スルーをするための必要な準備期間だと思っています。

――勇気を持ってリスクを取らねばならない年代

いきなりの方針大転換は危険

「リスクなくして成長なし」とは、最近、よく聞くフレーズです。

リスクを取るというのは確かに大切なことですが、それがいつ、どのくらいと具体的な段階になると、立ち止まってしまうことも多いのではないでしょうか。

今までやってきたことをすべて捨てて、一八〇度、いきなり方針を大転換するのは、リスクを取るのではなく、無謀に近いのではないでしょうか。

韓流ドラマの一つに『オール・イン』という作品があります。

すべてを賭けるという意味で、一生に一回や二回はそんな場面も確かにあるのではないかと感じています。

ただし、そんなに頻繁にあるわけではなく、日常ではそのさじ加減を考えながらリスクを取っていくことになります。

実際の対局で悩むところは、もっとも慣れていて手堅い保守的な選択は、一〇年後にはもっともリスクの高い選択になってしまうことです。

保守的な選択とは、過去にもっとも捕らわれているとも言えるので、未来からの視点で見ると、そこにもっとも大きな距離が生じます。

その距離を詰めるためにリスクを取るとも言えるのです。

自然にブレーキを踏んでいる年代

しかし、〝新手〟と言って、今までにないアイディアを実戦で試してみてもうまくいくケースは多くありません。

相手はプロですから、きっちりと冷静に対応されているわけです。

それでも勇気を持ってリスクは取らなくてはいけないと思っています。

それはアクセルとブレーキの関係において、若いときには自然にアクセルを踏んでいるのですが、年齢を重ねると自然にブレーキを踏んでいることが多くなるからです。経験が少ないときはリスクについてもよく解らないので、知らず知らずのうちに大きなリスクを取っていたりします。

しかし、経験を積んでくると、当然ながら失敗した経験もあり慎重になります。賢くなる、思慮深くなるとは、そういうことだと思っています。

上手にブレーキを踏んでいるということですが、そのままでは減速してしまいます。

ですから、意識的に、意図的にアクセルを踏む必要があるわけです。

経験が少ないときにはそのようなことを考える必要はありません。なぜなら、意識をしなくてもアクセルを踏んでいるのですから。

また、惰性による減速についても考慮する必要があります。

つまり、経験を積んでくると、こうやれば可もなく不可もなく平均点が取れて大きな失敗は決してしない方法を自然に覚えてしまうものなのです。

それはオートマチックで楽なのですが、続けていると惰性《だせい》となって減速をします。

たとえば、四〇代ぐらいでは、ちょっと思いきったことをやっているぐらいでちょうどいい感じなのではないかと考えています。

小さなリスクを取り続ける

また、どのようにリスクを取るかについてですが、小さなリスクを取り続けるという方法はあると思います。

一回に大きなリスクは取りづらいので、小さなリスクを毎回、毎回、取り続ける。

それを続けていると、二年とか三年の月日が流れたときに、それなりの大きなリスクを取ったことになる。

この方法のときには立ち止まってはいけないと考えています。

途中で立ち止まってしまうと、惰性の力が働いて元《もと》の黙阿弥《もくあみ》になってしまうからです。

ただし、一回のリスクは小さいので、比較的実行しやすいアプローチかと考えています。

また、投資の世界の言葉に〝ポートフォリオ〟というのがあります。

分散をして投資をすることによってリスクを軽減する方法です。

例えば、株だけに一〇〇パーセント投資をしたりすると、株式市場が崩れたときには大きな損失を被ります。しかし、株を四〇パーセント、不動産を三〇パーセント、債権を三〇パーセントと分散すれば損失は限定的にすることが可能です。

そして、株が下がれば債券は上がるというような反比例の関係をたくさん入れておけばリスクは小さくなります。

これならある程度のリスクを取るときに、同時にリスクを軽減する方法を取ることもできるようになるわけです。

自分のすべてを働いている会社に一〇〇パーセント投資するのは危険だと思います。

適切にリスクを分散させて上手にリスクを取る、それが充実した日々を送るのには必要ではないかと考えています。

〝制約〟があるから素晴らしい智恵が生まれる

文字数が限られているからこそ面白い

将棋にはさまざまなルールの制約があります。

例えば、二歩を打ってはいけない、行きどころのないところに駒を打ってはいけない、歩で玉を打って詰めてはいけないなどです。

もし、ルールとして二歩を認めてしまうと将棋はまったく異質なものになってしまうでしょうし、今よりもつまらないものになってしまいます。

俳句や短歌などでも文字数の明確な制限があります。

一七文字や三一文字はとても長いとは言えない文字数ですが、それでも今日まで数多くの名作が生まれてきました。

不要なものを削りに削って研ぎ澄まされた作品として存在をしているのでしょ

う。

ところで最近、ｔｗｉｔｔｅｒがとても流行しています。

私はまったくやっていませんが多くの人がいろいろなことをつぶやいています。文字数が限られているのにもかかわらず愛好している人が増えていると聞くと、ほんとうになにも変わっていないとも思います。

もちろん、季語や韻《いん》を踏んだりすることはありませんが、厳しい制限の中で表現するプロセスには大差はないと思います。

若い人たちの言葉を聞いていても同様のことを思ったりします。マクドナルドのことを〝マック〟、ファミリーマートのことを〝ファミマ〟など多くの言葉を短略化してしまいます。

表現方法やジャンルは異なったとしても本質的なところでは同じような気もします。

また、メールなどではたくさんの絵文字が使われていますし、それは日常的に当たり前になってきました。さすがに公的な文書では見かけたことはありませんが。

元々、漢字はある状態を絵にしたところから始まったと言われています。使っていながらオリジナルの絵が何か解らなくなってしまっているのが大部分ですが、原点回帰のように絵文字がたくさん出てきたのは実に面白い現象です。絵文字は書くのが大変だから現在のように規則的な文字になったのではないでしょうか。現在のように画面に向かって変換をして簡単に書く（打つ）ことができれば、むしろこのほうがシンプルで自然なような気もしています。

何が自由で、何が不自由か

将棋の世界にも「どうぶつ将棋」というのがあります。王将はライオン、歩はヒヨコで成るとニワトリになったりします。今までは漢字で駒の種類を覚えるのは選択の余地がないほどに明白だったのですが、そのうちに絵で、または動物のキャラクターで記憶している子どもが増えるかもしれません。

私もやったことがありますが、何か違うゲームをしているような不思議な感覚になります。

社会の中で暮らしているとさまざまな制約があります。

時間の制約、習慣の制約、ルールの制約……、とたくさんありそうです。

時にはそれに不自由さを感じてしまったり窮屈に思うかもしれません。

それで思い出すのが安部公房《あべこうぼう》の『砂の女』という作品です。

主人公の男性は井戸のような穴下に閉じ込められてしまいます。

いろいろな手段を使ってなんとか脱出することを試みます。

そして、最終的にはその道が開けるのですが、そのときに意外な行動をとる、シュールな物語なのです。

作者が、ほんとうはどのような意図で書いたかはもちろん解りませんが、読んだときに自分なりに解釈をすると、いつでも脱出できる状態こそが自由であって、脱出をしてしまった瞬間からは自由ではなくなるのではないかと思いました。

限定された制約から工夫が生まれる

また、制約がまったくないと、とても退屈な世界になってしまうとも感じています。

もし、明日からすべて自由で何をしてもよいとなれば、最初のうちは楽しいかもしれませんが、すぐに飽《あ》きてしまうはずです。

もちろん、制約のすべてを肯定するつもりはありませんが、限定された制約の中で打開したり、工夫したりすることを楽しめたらと思っています。

千利休がわずか四畳半という小さな空間に茶の湯を完成させたのは、制約の極致を究めたのではないでしょうか。

また、物理学のミクロの世界、量子力学の世界においても物質を小さくすればするほど、制約とは反対の、解釈の分かれる世界が広がっています。

それはそれで実に茫洋《ぼうよう》としていて面白いものですが、制約があってこそ物事が明確に規定することができるので、それも追求したいと考えています。

――明確な答えのないものを、どう理解するか

非効率な論理に基づくジグソーパズル

ある物事をきちんとマスターすることを理解するといいます。理解をするためには何度も何度も繰り返して覚える方法が一般的です。そして、たくさん覚えていれば応用する幅も広がって、理解できる幅も広がっていくわけです。

しかし、方法はそれだけではないのではないでしょうか。

一般的にジグソーパズルを解くときに、ぴったりと当てはまるピースを探すのが最初にする方法です。

ほかにはランダムにピースを置いてみるという方法もあります。

ランダムですから、そのピースはほとんど当てはまりませんし、何の手がかり

にもならないのがほとんどです。

それでも繰り返していると断片的なブロックが見えたり、このピースとこのピースは違うブロックだとか、同じブロックの中にはあるけれど隣接はしていないなどが解ってきます。

理解するということについても同様のことが言えるのではないでしょうか。ランダムに頭の中にさまざまなピースを置くことによって、あるときにそのピースがつながって部分像が見える、あるいは全体像が現れるということです。

これは論理を積み上げることとはまったく異なったアプローチです。

正しいピースを置き続けるのではなく、間違ったピースを置き続けなければいけないのですから。

この方法は非効率的ですし、時にはモチベーションも下げます。

通常は何回やっても何の手応えも感じないのですから。

手応えを感じないことを続けるにはそれなりの気力が必要となります。

しかも、ジグソーパズルを解くときのように、ある枠が決められていて明快な答えが存在する対象ばかりを理解するわけではありません。

間違った仮説でもいい、たくさん立てる

枠があるかどうかも解らないですし、答えがあるかどうかも解らないことを理解するケースもあります。

そんなケースのときには、特にランダムにピースを置く方法が有効になるのではないかと考えています。

言葉を変えれば、たくさんの仮説を立てるということになります。

仮説のほとんどは間違っています。

間違いに間違いを重ねたとしても理解をするためには大きな助けとなるわけですから、間違いが間違いでなくなります。

一つ例を挙げると、将棋には戦術の変化の歴史があります。

簡単に言ってしまうと、中央重視からのスピード志向になりました。

江戸時代から明治にかけては〝5筋の位は天王山〟と言うように、中央の位を

取ることが何よりも大切で、お互いに厚みを築いて中央で競い合いになる展開が生まれました。

ところが、近代に入ると相手に中央の位を取らせて、そこを目がけて攻撃をする手法が多くなりました。

位を取らないと中央まで駒を埋める必要がなくなり、先攻する手段に手数をまわすことができるようになったのです。

現在では中央の位は負担になりやすいという認識で、お互いに位を取らない将棋が主流になっています。

理解しようとする気持ちが大切

チェスを始めてしばらくすると、将棋と同じような戦術の変化があることに気がつきました。チェスには天王山に該当するマス目はないのですが、センターにある四つのマス目がとても重要であると言われていました。

その場所にポーンを進めて位を取り、中央を支配するのが普通でした。

その後、ポーンではなくナイトでも中央を押さえることができるのではという変化もありました。

しかし、あるときから〝モダン〟という考え方が生まれ、相手に中央の位を取らせてそこにカウンターを仕掛けるという手法が流行り始めたのです。

やはり、中央の位を維持するのは手数も駒数も必要とします。

そんなことはせずに、一足飛びにカウンターを狙う指し方は現在も残っています。

このことは、理解したいとも理解しようとも考えていたわけではないのですが、ピースを置いていたら偶然に一つのパズルが完成してしまったような感じでした。

理解したくないと思っているものはどんなに頑張っても理解はできませんが、許容する気持ちがあれば理解できることが増えるのではないでしょうか。

それが自分の予想とは違った理解でも面白いものだと思っています。

――年齢ごとの節目をどう考えるか

孔子が説く〝不惑〟の年齢

有名な孔子の『論語』の一説には〝吾《わ》れ十有五にして学に志す。三十にして立つ。四十にして惑《まど》わず。五十にして天命を知る。六十にして耳順《みみした》がう。七十にして心の欲するところに従って、矩《のり》を踰《こ》えず〟とあります。

一五歳にして学問に志を持つ。三〇歳にしてきちんと自立をする。四〇歳にして惑わない（不惑）。五〇歳にして天命を知る、つまりきちんとした人生の目的を知るということでしょうか。六〇の耳順がうとは、きちんと心を傾けて人の話を素直に聞くという意味のようです。

それだけ、人の話をきちんと聞くのは難しいことのようですね。

七〇にして……という箇所は、要するに自分のやりたいようにやりたいことをすべてやっても、きちんと分別をわきまえているという意味のようです。

言葉でこの話を聞いても、ほんとうにこのような人が実在するのだろうか？とも思いますが、はるか昔から現在に到るまで残っている一説だけにずしんとした重みがあります。

ところで、現在の日本では成長が緩《ゆる》やかに進むので昔の基準とは違うのではないかという話もあります。

例えば、六〇歳になると還暦を迎えて赤いちゃんちゃんこを贈りお祝いをする習慣がありますが、現代の六〇歳で赤いちゃんちゃんこを着てのんびりと隠居をするという話は聞いたことがありません。

むしろ、定年を迎えて時間ができて活動的になっている人たちも増えているような気もしています。

山登り、ハイキングが盛況なのも、この世代の人が牽引をしている面が強いはずです。

〝不惑〟というより〝自立〟がふさわしい？

現代は実際の年齢に八掛けをした数が昔の年齢に近いのではないかという話を聞いたことがあります。

六〇歳ならば60×0・8＝48なので四八歳、八〇歳なら80×0・8＝64なので六四歳ということです。八〇歳になって赤いちゃんちゃんこを贈って隠居をするというのは不自然な感じはしません。もちろん、例外はありますが。

では、四〇歳の場合はどうでしょうか。

40×0・8＝32ですから、三〇代に入ったばかり、先ほどの『論語』によればきちんと自立をするという意味になります。

私は現代の四〇歳というのはその程度の意味しか持たないのではないかと考えています。

ですから、三〇歳も30×0・8＝24ですから、社会に出たばかりということになるので、昔と比較して成長していないと焦る必要はないのではないでしょうか。

そして、年齢というのはかなり個人差が現れるものです。

日本人なら比較的に解りやすいと思いますが、海外へ行くと年齢がまったく解らないような人がたくさんいますし、戸籍制度がなくて本人も解っていない場合もあります。

自分の位置や居場所を見つけるには

以前、フランスに行ったときのこと、三〇代の人が六〇代の人にファーストネームで気軽に話しかけていたことがあり、日本ではありえないことだと思いながら見ていました。

もちろん、礼儀をわきまえて丁寧に接していたので違和感はなかったのですが、さっそく、友人のフランス人に聞いてみました。

そして、「大人になればみんな同じですから」という返事で合点がいきました。

たしかにレストランに入るにしても、フランス人では大人と子どもが、厳然と区別されています。

しかし、いったん、大人の仲間入りをしてしまえば区別はなくなるというわけです。

年齢、先輩、後輩など微妙な位置関係を気にしながら暮らすことの多い日本では、まだまだ儒教の影響が色濃く残っているのだなあと思ってしまいました。

例えば、誰かを呼ぶときに先生・様・さん・君・呼び捨てなどいろいろな呼び方があります。

それはルールで決まっているわけではなく、ケース・バイ・ケースで失礼のないように、その場で違和感を持たれないように、お互いに気を遣いながら暮らしているいることを意味しています。だからこそ過激な争いが少なくて済んでいるのだとも思います。

このように、相手との位置関係を窺《うかが》いながら自分の位置や居場所を見つけていくのも一つの方法です。

これは相対的な評価、位置づけと言えるので解りやすいとも言えます。

そして、相対的なものとはまったく関係のない絶対的な位置を知っておくのも、これから先は重要ではないかと考えています。

相対的なものは常に変化をするものですし、基準を変えるとまったく違うものになることもよくあります。

しかし、絶対的なものは普遍的なものでもあるので揺らぐことはありません。

そんなしっかりとした核を持てたらと思っています。

本書は二〇一一年四月、扶桑社新書として刊行した
『40歳からの適応力』を改題、追記し、文庫化したものです

羽生善治（はぶ・よしはる）
1970年、埼玉県生まれ。棋士。
棋風は自他共に認めるオールラウンドで幅広い戦法。とくに、終盤に繰り出す妙手は「羽生マジック」と呼ばれ数多のファンを引きつけている。
小学6年生で二上達也九段に師事し、奨励会（プロ棋士養成機関）に入会。6級から四段までをわずか3年間で通過。中学3年生で四段。史上3人目の中学生のプロ棋士となる。
1989年・19歳　初タイトルとなる竜王位を獲得。
1994年・24歳　九段に昇段。
1996年・25歳　王将位を獲得し、名人、竜王、棋聖、王位、王座、棋王と合わせて「七大タイトル」すべてを独占し、史上初の七冠王となる。
2007年・37歳　最年少、最速、最高勝率で史上8人目の通算1000勝を達成。
2010年・40歳　全7タイトル戦のうち6つで永世称号の資格を保持（永世名人〔十九世名人〕・永世棋聖・永世王位・名誉王座・永世棋王・永世王将）。
2012年・42歳　通算タイトル獲得数単独1位。
2014年・44歳　最年少、最速、最高勝率で史上4人目の1300勝達成。
2015年・5月　第73期名人戦において2期連続通算9期目を達成。今年、棋士30年目を迎え、さらなる高みへと進化し続ける。
著書に、『羽生の頭脳1～10』（日本将棋連盟）、『決断力』『大局観』（角川書店）などがある。

適応力

発行日　2015年8月10日　初版第一刷発行
　　　　2015年9月10日　　第二刷発行

著　者　羽生善治
発行者　久保田榮一
発行所　株式会社 扶桑社
〒105-8070
東京都港区芝浦 1-1-1　浜松町ビルディング
電話　03-6368-8870(編集)
03-6368-8858(販売)
03-6368-8859(読者係)
http://www.fusosha.co.jp/

印刷・製本　株式会社 廣済堂
装丁・デザイン　ヤマシタツトム

　ISBN 978-4-594-07316-9